Histoire des tribus indiennes des États-Unis
d'Amérique

Histoire des tribus indiennes des États-Unis d'Amérique

Origine, Mœurs et Evolution.

Armand Mondot

Editions Le Mono

Collection «*Les Pages de l'Histoire*»

Connaître le passé peut servir de guide au présent et à l'avenir.

ISBN : 978-2-36659-443-0
EAN : 9782366594430

À mesure que les indigènes s'éloignent et meurent, à leur place vient et grandit sans cesse un peuple immense. On n'avait jamais vu parmi les nations un développement si prodigieux, ni une destruction si rapide.

Les Indiens de l'Amérique du Nord n'avaient que deux voies de salut : la guerre ou la civilisation ; en d'autres termes, il leur fallait détruire les Européens ou devenir leurs égaux.

– Alexis de Tocqueville
(De la Démocratie en Amérique)

Les tribus indiennes des États-Unis.
Enquête sur les Origines et les Mœurs[1].

Une opinion généralement accréditée présentait les races indiennes d'Amérique comme condamnées à disparaître. On croyait trouver là des éléments étrangers et rebelles à toute civilisation. La rapidité avec laquelle diminuait la population indienne n'était-elle pas un symptôme trop visible de mort ? Ainsi cherchaient à se justifier des prédictions qu'il devenait cependant difficile d'admettre sans quelques réserves.

Une enquête ordonnée par le gouvernement américain a jeté un jour tout nouveau sur l'histoire et sur la situation des tribus indiennes, nomades ou sédentaires. De nombreux et importants renseignements ont été recueillis sur la force numérique de ces tribus, sur leurs ressources matérielles, leur organisation, leurs traditions religieuses. À l'aide des documents américains, on pouvait alors, non-seulement se

---

[1] Par Armand Mondot.

faire une idée précise des populations indiennes, mais pénétrer d'une part dans les mystères de leur passé, de l'autre dans ceux de leur avenir.

*

Le 3 mars 1847, le congrès des États-Unis, voulant avoir des données exactes sur l'histoire et sur la condition des tribus indiennes, enjoignit au ministre de la guerre de prendre les mesures nécessaires pour recueillir et publier les documents qui seraient de nature à l'éclairer. On forma aussitôt une commission composée des personnes les plus compétentes dans cette question. Elle fut présidée par un savant expérimenté, M. Henry Schoolcraft, que les circonstances de toute sa vie avaient préparé à ce rôle difficile. Attaché dès sa jeunesse au bureau des affaires indiennes, M. Schoolcraft s'y était élevé par son mérite aux postes les plus importants. Ses auxiliaires furent les employés de ce bureau, qui étaient, comme lui, familiarisés depuis longtemps avec les dialectes et les usages des tribus indiennes. Des missionnaires, des érudits, lui prêtèrent aussi leur concours. Trente programmes, comprenant chacun plusieurs milliers de questions, traçaient le plan de l'enquête. L'*histoire*, l'*astronomie*, les *antiquités*, la *religion*, tels étaient les sujets qui devaient provoquer une première série de recherches. Les *mœurs*, les *institutions*, l'*état intellectuel*, ouvraient ensuite aux travaux des explorateurs une autre direction. Enfin la commission devait s'attacher à un troisième ordre de renseignements d'un intérêt plus direct pour les États-Unis. Cette partie des instructions données à la commission d'enquête était inspirée par le côté pratique du génie américain et par son dessein bien légitime de s'insinuer à tout prix dans l'intimité des tribus, afin de les gagner à la civilisation et de se les incorporer.

L'enquête ordonnée en mars 1847 se continua pendant trois ans et demi, et fut terminée en juillet 1850. Les renseignements que le président de la commission, M. Henri Schoolcraft, fut alors à même de publier, remplirent trois volumes in-folio de six à sept cents pages chacun. Par la curiosité et l'étendue des documents, par le luxe de l'exécution matérielle, cette publication est un éclatant témoignage de l'importance qu'attachait le gouvernement de l'Union à connaître les origines de la société américaine. C'est cet important travail que nous allons essayer de résumer ici.

Quels sont d'abord les éléments de la population indienne, et quelles limites territoriales peut-on lui fixer ? Depuis l'adjonction des quatre états du Texas, de l'Utah, du Nouveau-Mexique et de la Californie, les tribus indiennes sont, dans l'Amérique du Nord, au nombre de cent quarante. Subdivisées chacune en plusieurs clans, elles vivent éparses sur un immense territoire entre les rives du Missouri et les montagnes du Texas, entre le lac Michigan et les deux Californies.

La fertile vallée du Mississipi est leur centre naturel ; comme elles ne peuvent pas toutes s'y établir, elles s'en écartent ou s'en rapprochent par des fluctuations perpétuelles. Elles se divisent en sept classes, d'après les sept idiomes auxquels on peut ramener leurs innombrables dialectes : ce sont les Appallachians, les Achalaques, les Chicoréans, les Iroquois, les Dacotahs, les Shoshones, les Algonquins.

Les Appallachians sont au sud. Ils touchent presque aux embouchures du Mississipi, et au territoire de la Nouvelle-Orléans. La Floride est leur patrie d'origine. C'est là que Pamphilio Narvaez les découvrit en 1527. Ils ne se sont éloignés de la Floride qu'à regret, par la force des armes. Ils connaissaient une façon de cultiver le maïs qui était fort grossière, et une espèce de tissage qui ne l'était pas moins. Depuis lors, ils n'ont pas amélioré ces deux industries, et n'en ont pas appris de nouvelles. Ils ont vendu par divers traités leurs meilleures terres à la république américaine, et les annuités qu'ils reçoivent sont leurs seuls moyens d'existence.

Chose singulière, ils ont sous les yeux le mouvement d'un grand port de commerce et l'activité d'une opulente cité, de nombreuses manufactures, des métiers de tout genre, des jardins remplis de légumes et de fruits, des campagnes couvertes de moissons, en un mot les mille formes du travail et du bien-être qu'il procure, — et ces malheureux, qui sont le plus souvent dépourvus d'habits et d'aliments, regardent avec une indifférence brutale toutes ces occupations fécondes en richesses et en jouissances. Leur insouciance est mêlée de dédain. Il n'en est pas un seul qui exerce un métier, pas un qui sache parler anglais, pas un qui ait voulu fréquenter les écoles que le congrès a tenté d'établir au milieu d'eux. Dans les terres encore considérables qui leur restent, ils n'ont pas une charrue, pas un bœuf, pas un arbre à fruit, pas un melon, ils n'ont que des chevaux et des porcs qu'ils laissent errer dans leurs terres en friche. Leur tribu ne se compose que de 5.015 personnes ; elle possède 5.789 chevaux et 24.142 porcs.

Les Appallachians étaient jadis si considérés, qu'on appela de leur nom les parties les plus méridionales des monts Alléghanys. C'est dans les gorges de ces monts Appallachians que se tiennent les Achalaques. Ils furent visités en 1540 par le chevalier de Soto, qui a décrit leurs mœurs barbares. Ils vivent encore, comme ils vivaient alors, du produit de leurs chasses ; mais la civilisation, qui les resserre de plus en plus, et dont ils repoussent les avantages avec la même obstination que leurs voisins, fait rapidement décroître autour d'eux le nombre des animaux sauvages.

À l'est des Achalaques, plus près de la côte, à peu de distance des ports de la Savannah et de Charleston, on rencontre les Chicoréans. Cette tribu s'étendait jadis jusqu'au rivage, ce qui exposa les Chicoréans, dès l'an 1510, aux tentatives ambitieuses des aventuriers espagnols. Ponce de Léon, gouverneur de Porto-Rico, périt dans un combat qu'il leur livra. La première compagnie qui se forma pour l'exploitation des mines de Saint-Domingue leur tendit un piège odieux : elle équipa trois vaisseaux qui furent conduits en vue de leurs côtes par Luzas Vasquez de Ayllon ; les équipages descendirent à terre, et, en offrant aux Indiens des liqueurs fortes et des objets curieux, les attirèrent en grand nombre sur le pont des navires. Tout à coup les voiles se déploient, on les emmène malgré leurs cris et leur désespoir, on les enchaîne, on les fait travailler aux mines. Cette perfidie n'était que le prélude de bien d'autres.

Le quatrième groupe est celui des Iroquois. Longtemps avant la découverte de Christophe Colomb, ils avaient formé une confédération puissante, et se faisaient redouter dans toute l'Amérique septentrionale. Établis sur les deux versants des monts Alléghanys et autour des grands lacs, ils pouvaient s'étendre à volonté de tous côtés. L'arrivée des Européens mit un terme à leur puissance. C'est sur leurs terres que furent fondées New-York, Boston, Philadelphie, Baltimore, Washington. Forcés d'abandonner cette longue plaine qui s'étend entre la chaîne des Alléghanys et la mer, depuis la Floride jusqu'au golfe Saint-Laurent, ils se retirèrent sur le versant occidental des montagnes, autour des lacs Ontario, Michigan, Huron, Erié. C'est dans ces régions, fertiles en gras pâturages, qu'ils continuent à se montrer supérieurs aux autres Indiens, non plus par l'humeur conquérante et guerrière, mais par la douceur des mœurs et leur aptitude à se civiliser. La population iroquoise est de 6.000 âmes. On y compte 349 adultes sachant lire, parler et écrire la langue anglaise, 841 jeunes gens fréquentent les écoles. Tous les métiers, tous les arts mécaniques sont pratiqués chez les Iroquois, qui emploient, pour cultiver 12.640 hectares de terre, 2.080 bœufs et 1.902 chevaux.

Les Dacotahs s'étendent sur les deux rives du Missouri. Leur caractère féroce n'a pas changé : ils sont toujours également rancuniers contre les blancs, également barbares envers les hommes de leur propre couleur.

Les Shoshones, qui errent autour des glaciers des Montagnes-Rocheuses, sont encore plus inhumains. Les nombreuses peuplades de l'Orégon et de la Californie n'ont pas moins d'antipathie pour les hommes civilisés. Des relations qu'elles entretiennent avec eux depuis si longtemps, elles ont retiré beaucoup de vices et pas une vertu.

Enfin dans le groupe des Algonquins sont compris une trentaine de clans nomades. Ils occupent les vastes plateaux qui s'étendent entre les grands lacs et les frontières de la Nouvelle-Bretagne. Ceux d'entre eux qui sont voisins des Iroquois semblent adopter leurs mœurs sédentaires et laborieuses. Les autres, beaucoup plus nombreux, errent dans ces espaces immenses à la poursuite des ours et des hyènes, dont ils mangent la chair et revêtent les dépouilles.

Toutes ces populations réunies s'élèvent au chiffre de 420.000 âmes Les individus qui les composent n'ont rien de commun avec les Aztecs, qui occupaient le Mexique lorsqu'il fut découvert et conquis par les Espagnols, ni avec les Péruviens, exterminés par Pizarre. Ils n'ont aucun rapport avec les Mosquitos, qui se sont si bien assouplis sous la discipline des Anglais, ni avec les Patagons, qui n'ont rien perdu de leur brutale férocité. Les tribus de l'Amérique du Nord forment une race particulière. Malgré les différences et les haines qui les séparent, elles conservent entre elles assez de traits analogues pour démontrer que leur origine est la même, et que leurs destinées ont été longtemps unies. Elles ont un fonds commun de croyances et de pratiques religieuses : même culte des morts, même passion de la guerre, même cruauté dans les combats, mêmes armes, même goût de la chasse et de la pêche, mêmes engins pour prendre les animaux, même usage d'offrir le calumet, d'immoler les prisonniers ou de les adopter. Enfin elles conservent des traditions identiques sur les anciennes vicissitudes de leur race, sur leur émigration et leur arrivée dans la vallée du Mississipi.

La plupart de ces tribus semblent condamnées à périr victimes de la civilisation qui s'établit autour d'elles. Le colonel Bouquet, qui visita, en 1764, à la tête d'une armée imposante, les soixante-dix tribus annexées aux États-Unis à l'époque de la déclaration d'indépendance, put constater qu'elles comptaient alors 283.000 âmes.

D'après le nouveau recensement, ces mêmes tribus n'en possédaient plus en 1851 que 205.635. La diminution a été de plus de 77.000 âmes dans l'espace de quatre-vingt-sept ans. C'est à peu près un tiers par siècle. Si le cours des choses ne change pas, ces soixante-dix tribus auront cessé d'exister dans un espace de temps qu'il est facile de déterminer. Quant aux tribus des quatre états récemment incorporés, leur dépérissement est incomparablement plus rapide, si l'on en juge d'après celles qui sont établies dans l'Orégon. Le dénombrement fait par les ordres du congrès pendant ces dernières années, à mesure que l'Union américaine prenait possession de ce territoire, a prouvé que ces Indiens sont au nombre de 22.033. Or deux voyageurs aussi éclairés que dignes de foi, Lewis et Clark, qui visitaient ce pays en 1806, estimaient que la population rouge s'y élevait alors à 80.000 âmes. Ce serait donc une diminution de près des trois quarts dans l'espace de cinquante ans.

Cependant le gouvernement des États-Unis n'abandonne pas les restes de la nation qui a possédé seule, durant de longs siècles, tout le nouveau continent. Il a créé une grande administration qui s'occupe de leurs intérêts, et le budget spécial de ce service public s'est élevé, en 1851, à 2.420.722 dollars (13.110.313 francs). Cette somme est consacrée tout entière au soutien et à l'amélioration morale de 420.000 Indiens, c'est-à-dire de 84.000 familles, en comptant 5 personnes par feu. Elle donne donc un dividende annuel de 166 francs par groupe de 5 personnes. Du reste, une grande partie de cet argent représente les annuités redues pour des cessions de territoire. Plusieurs de ces tribus ont vendu, à diverses époques, au gouvernement des États-Unis et lui vendent encore de temps à autre certaines parties des vastes contrées où elles chassaient jadis.

Ces contrats de vente sont au nombre de cent six depuis 1795 jusqu'à 1840. On y voit indiqués exactement, non-seulement les prix, les bornes et les étendues des terres cédées, mais les réserves et les stipulations détaillées des cessionnaires. Pourquoi maintenant, malgré ses rapports naturels et officiels avec une nation policée, la population indienne dépérit-elle, se fond-elle, pour ainsi dire, au soleil de la civilisation ? Nous avons déjà exposé l'opinion qui s'appuie sur ces faits pour condamner sans retour la race indienne. Il faudrait rechercher maintenant s'il existe quelque chance de salut pour ces restes d'un peuple qui couvrait, il y a trois siècles, une partie considérable du globe. Qu'on examine les origines, les idées, le caractère et les mœurs des Indiens : la question sera bien près d'être résolue.

I. Origine des tribus indiennes.
Première émigration.

Le continent américain renferme dans son sein des ruines qui portent le cachet d'une haute antiquité. Les nations qui l'habitaient quand il fut découvert par Christophe Colomb se distinguent des autres grandes familles humaines par tant de différences physiques ou morales, qu'on voit bien que leur séquestration avait duré de longs siècles. D'où étaient sortis ces hommes ? Aucun des plus anciens écrits ne parle d'eux. On dirait que ces branches de l'humanité s'étaient détachées de leur tronc avant la naissance de l'histoire. La plupart des vieilles traditions qui se conservent en ce pays sont peu propres à dissiper cette obscurité. Elles racontent que le monde est sorti de la carapace d'une tortue, que les premiers hommes sont nés du sein des montagnes, ou qu'ils sont descendus des hauteurs du firmament sur la pente de l'arc-en-ciel : ici c'est un enfant qui prend dans un piège les rayons du soleil, afin de s'en servir pour faire fondre les neiges ; ailleurs, c'est le globe terrestre qui est reconstruit, après le déluge, avec de l'argile pétrie par un castor. Qui pourrait deviner de telles énigmes ? Vouloir les assortir pour en former une histoire suivie, ne serait-ce pas entreprendre de tresser des grains de sable pour en faire un cordage ? Néanmoins, au milieu de cette incohérence, ce qu'on peut remarquer, c'est l'idée confuse d'une ère antérieure à l'existence des hommes, et pendant laquelle des quadrupèdes d'une grandeur colossale, d'énormes reptiles, des génies malfaisants, des géants prodigieux se disputaient la surface de la terre. N'est-ce pas d'après des réminiscences pareilles que les anciens poètes décrivaient les ravages du serpent Python et les combats que les monstrueux Cottus, Briarée, Gigès soutinrent contre les Titans, encore plus monstrueux ? Et ces vagues révélations n'acquièrent-elles pas aujourd'hui plus d'intérêt en présence de ces ossements énormes que nos géologues exhument dans les diverses parties du globe ? Plusieurs légendes qui racontent le déluge ont de frappantes analogies avec les récits de la Genèse. Elles dépeignent des nations entières périssant au milieu de l'inondation, — quelques hommes se réfugiant dans des canots d'écorce et ne parvenant pas à se sauver, parce que des castors s'attachent aux flancs des bateaux, les rongent et ouvrent ainsi des voies aux flots destructeurs, — enfin un seul de ces esquifs échappant au désastre et conservant une seule famille humaine.

Selon une allégorie consignée dans les archives de l'intendance de Saint-Louis, les Indiens des États-Unis ont émigré d'une contrée où ils se nourrissaient de poisson, et après une longue existence nomade, ils sont arrivés dans un pays où ils ont vécu de la chasse. Les Osages, qui forment une tribu considérable, croient en effet que le premier homme de leur race naquit et vécut quelque temps dans le sein d'une coquille marine, qu'il en sortit ensuite et erra de longues années sur le rivage de la mer. Le grand-esprit lui apparut ; il lui donna d'abord un arc avec des flèches pour aller à la chasse, puis le feu pour faire cuire le gibier, enfin il lui apprit à se faire des vêtements avec la dépouille des animaux. C'est un castor qui se chargea de lui enseigner l'art de construire les habitations ; il lui fit même épouser une de ses filles, et de cette union sortit la tribu des Osages. Voilà pourquoi un Osage se croirait coupable de parricide s'il tuait un castor, c'est-à-dire un des auteurs de sa race. Cette légende se retrouve avec quelques variantes chez les autres tribus, et prend ainsi le caractère d'une tradition nationale.

Les Chickaws racontent les courses vagabondes que firent leurs ancêtres avant d'arriver sur les bords du Mississipi ; ils leur donnent un chien merveilleux pour les protéger, et un pieu plus miraculeux encore pour les guider. Les Chepeweyans ajoutent des particularités remarquables : ils font partir leurs ancêtres d'un pays toujours couvert de glaces et de neiges ; ils les dépeignent exténués de faim et de froid, et les font voyager à travers de vastes marais parsemés d'îles et de sables mouvants. Les Algonquins conservent encore mieux le souvenir des lieux inhabitables d'où sortirent leurs pères, et de la traversée qu'ils durent faire sur une mer pleine de glaces flottantes avant d'arriver sur les rives des grands lacs. Ils célèbrent des sacrifices annuels en mémoire de cette délivrance et de la conservation de leur race. Les traditions des Chichimecs ne sont pas moins significatives. — Nos ancêtres, disent-ils, vivaient confinés dans d'obscures cavernes. Un jour ils aperçurent la lumière du soleil par une crevasse qui se produisit aux voûtes de ces antres ; ils grimpèrent jusqu'à cette ouverture en s'accrochant à des tiges rampantes. S'étant ainsi trouvés sur le bord d'une mer, ils s'embarquèrent, firent naufrage, et ils auraient péri au milieu des flots, si des faucons ne les avaient sauvés en les enlevant dans des sacs de cuir pour les porter sur un lointain rivage. Là, après avoir longtemps erré sur un sol détrempé, ils traversèrent de grands lacs, étant portés par un taureau d'une énorme grosseur. Enfin ils passèrent le Mississipi à l'aide de branches de vigne liées en faisceaux. Dans le cours de ces aventures, ils furent conduits par des chefs inspirés, dont l'un, qui se nommait Manco Capac, était fils du soleil, et dont un autre, appelé Quetzalcoatl, recevait les avis du ciel par l'entremise d'un oiseau blanc.

Le souvenir d'une émigration primitive se retrouve donc partout chez les tribus indiennes.

On peut le reconnaître même dans ces paroles adressées par Montezuma à Fernand Cortez, qui lui vantait la puissance du roi d'Espagne : « Ne pensez pas, lui répondit-il, que je sois assez ignorant pour ne pas savoir que votre souverain descend de notre ancien prince Quetzalcoatl, qui, après avoir retiré son peuple du fond des sept cavernes, fonda l'empire du Mexique. Par une de ses prophéties, qui sont conservées précieusement dans nos archives, il nous assura qu'il allait conquérir de nouveaux royaumes vers les régions orientales, d'où il avait lui-même amené nos ancêtres, et qu'après une grande révolution d'années, ses descendants reviendraient chez nous pour amender nos lois et réformer notre gouvernement. »

Il nous reste enfin un témoignage plus précis : c'est une représentation graphique de l'ancienne émigration. Cette espèce de carte itinéraire fut découverte, il y a plus d'un siècle, par le chevalier Boturini. On sait que ce noble Milanais, s'éprit d'une ardente passion pour les antiquités américaines. Il s'aventura seul dans l'intérieur des tribus, apprit leurs dialectes, interrogea leurs traditions, scruta leurs monuments les plus secrets, et consuma vingt ans de sa vie dans cette laborieuse investigation. Il est à présumer que cette carte a été commencée et continuée par des témoins oculaires. Qu'on imagine une large écorce de bouleau sur laquelle sont empreintes, avec une coquille ou un caillou pointu, des figures grossières à la vérité, mais distinctes et très significatives. On voit d'abord un promontoire au milieu duquel est construit un temple entouré de six maisons. Une nacelle s'éloigne, indiquant ainsi que la colonie s'est embarquée à son départ et qu'elle a traversé un bras de mer ; puis se présente une montagne dont le sommet se recourbe en forme de corne, particularité qui désigne la montagne de la Corne, Colhuacan. Quelques branches d'arbre rapprochées à la hâte, comme pour dresser des huttes, marquent les tentatives des émigrants pour séjourner sur cette plage inhabitable, et l'on voit les frimas, fouettés contre eux par le vent du nord, qui les en chassent bien vite. Huit simulacres d'hommes, rangés sur la même ligne avec le symbole commun du commandement, désignent les huit dépositaires de l'autorité.

Chacun d'eux se distingue des autres par son écusson particulier. La reprise du voyage est marquée par quatre personnes qui s'avancent vers le midi en marchant l'une à la suite de l'autre. La première porte, en guise de drapeau, l'effigie d'un poisson, ce qui est l'emblème de l'ancien aliment de ce peuple et probablement aussi une espèce d'idole. Les trois autres élèvent au-dessus de leurs têtes les insignes du culte et de l'autorité. Un nouveau groupe d'images indique la seconde halte. La fécondité de ce nouveau séjour est désignée par des troncs d'arbres si gros, qu'un homme ne peut en embrasser le contour avec ses deux bras étendus. De gros fruits surchargent des branches ployées et tombent sur le sol, où les nouveau-venus les ramassent, en se les montrant avec des gestes de satisfaction et en les portant à leur bouche. Les figures qui suivent sont confuses, éparses, difficiles à interpréter. Je croirais volontiers que l'historien illettré a voulu signifier par ce désordre quelque circuit des tribus égarées au milieu des déserts, ou bien quelque insurrection contre les chefs, qui semblent en effet dépouillés de leurs écussons et précipités de leurs sièges. Après cette perturbation, la caravane poursuit sa route. Ce sont encore les quatre mêmes personnes qui rouvrent la marche en portant les mêmes bannières. À une petite distance, on s'arrête pour immoler trois hommes : ces victimes ont les pieds nus et se font par là distinguer des émigrants, qui portent tous de grosses chaussures ; elles sont étendues sur trois bûchers séparés, et le sacrificateur leur arrache le cœur, atroce barbarie qui devait se perpétuer longtemps chez ces peuples sauvages. L'emblème du culte est placé au-dessus du victimaire et tourné vers le ciel, comme pour témoigner que ces sacrifices sont offerts aux divinités des régions supérieures.

Après cette troisième station, la carte itinéraire en indique distinctement vingt-deux autres, dont les noms sont conservés par des signes symboliques qui se traduisent aisément, dans les dialectes des Indiens, par des mots correspondants. Un de ces noms rappelle les fruits qui nourrirent leurs pères, un autre les sauterelles qui les incommodèrent, un troisième les bêtes féroces qu'il leur fallut combattre.

Chacun des autres symboles représente aussi l'événement le plus mémorable de la station qu'il désigne. La durée du temps qu'ils passèrent dans chaque asile est marquée avec la même précision par les signes de leur chronologie. Les traditions qui expliquent ce document nous apprennent que la colonie se mit en marche l'an 1038 de notre ère, et qu'après une pérégrination de cent quatre-vingt-six ans, elle arriva l'an 1224 dans la vallée du Mississipi, laquelle avait été précédemment habitée par d'autres races.

Ce monument géographique désigne comme point de départ un promontoire séparé du nouveau continent par un bras de mer. Cette pointe de terre est appelée dans les dialectes indiens Aztlan, *terre de glace*. Ce doit être la presqu'île qui termine l'Asie au nord-est. On en trouve une preuve dans la facilité même de cette traversée. Deux voies sont également praticables pour des tribus dénuées des ressources de notre navigation. L'une, c'est le détroit de Behring, qui n'a que quelques kilomètres de largeur ; l'autre, c'est l'archipel des îles Aléoutiennes, qui sont rangées les unes à la suite des autres, et si rapprochées qu'elles semblent former une chaussée continue.

D'un autre côté, la péninsule sibérienne est si stérile et si froide qu'elle est presque inhabitable. Les rares peuplades qui ont pu s'y établir sont réduites à se nourrir de poisson et à s'enfouir dans des antres. Quoi d'étonnant que, vers le XIe siècle, quelques hordes chassées de ces régions polaires par une agression ou quelque fléau subit, par la famine et l'espoir d'un climat meilleur, se soient hasardées à passer le petit bras de mer, qui les séparait de l'Amérique, ou bien à parcourir cette rangée d'îles qui semble joindre le prolongement du Kamtchatka avec la presqu'île d'Aliaska ? Arrivée sur le rivage américain, cette population dut se laisser attirer par la chaleur croissante du soleil le long de cet océan si justement appelé *Pacifique*. Mille indices prouvent que les choses se sont ainsi passées. Le fétiche que portait le premier guide avait la forme d'un poisson. L'ancien séjour de leurs ancêtres est constamment désigné sous le nom de *pays des cavernes* ; le nom de l'envoyé céleste qui les en fit sortir est Quetzalcoatl, et la terminaison *atl* est une articulation fréquente dans les idiomes du Kamtchatka. Beaucoup d'autres analogies se remarquent entre ces dialectes et ceux des Indiens d'Amérique. Des rapports encore plus frappants sont observés dans les superstitions des deux peuples.

Le directeur de l'observatoire nautique de Washington, M. Maury, a fait, il y a quelque temps, un rapport sur la facilité qu'ont les peuplades sauvages de passer d'un continent à l'autre, soit par le détroit de Behring, soit en suivant la chaîne des îles Aléoutiennes. Pourvu qu'on ait des vivres suffisants, on peut dans ces parages tranquilles naviguer sur un simple tronc d'arbre. Les îles sont fort nombreuses et voisines des côtes. La plupart d'entre elles sont défendues par des bancs de corail, qui forment à l'entour des enceintes continues, comme font les remparts autour des places de guerre. Les insulaires y prennent aisément du poisson, et telle est leur habitude de naviguer, que, pour se transporter d'un vallon dans un autre de la même île, ils aiment mieux voguer le long du rivage que de franchir les montagnes intermédiaires. À mesure qu'on s'éloigne du nord, les facilités de ces traversées augmentent, et les indigènes semblent y trouver plus d'attraits. Une perche leur sert de gouvernail ; une branche d'arbre garnie de ses rameaux et de son feuillage, est dressée en l'air pour servir de voile. L'équipage, qui se compose ordinairement d'un homme avec sa femme et ses enfants, saisit le moment où le vent souffle vers le but qu'ils veulent atteindre, et les voilà cinglant sans crainte en pleine mer avec une vitesse de 7 ou 8 kilomètres à l'heure. Il est rare qu'ils arrivent sans contre-temps à leur destination ; mais s'il survient un orage, ils vont dans une crique attendre la marée prochaine ou les brises régulières que le lever ou le coucher du soleil ne manque pas de faire souffler chaque jour. Vues d'une certaine distance, les îles Aléoutiennes semblent des piles de pont qui n'attendent que leur entablement pour réunir ensemble les deux continents. Le capitaine Bay, qui commandait, il y a environ deux ans, un vaisseau baleinier dans ces parages, a vu des indigènes naviguer sur leurs canots d'un continent à l'autre. C'est encore un fait constaté que des marins japonais ont été entraînés par des courants depuis ces rivages jusque sur les côtes de l'Amérique septentrionale. Or l'intervalle qu'ils ont ainsi parcouru est dix fois plus considérable que celui que les ancêtres des Indiens ont dû traverser.

Les aptitudes physiques et intellectuelles des Indiens, leurs usages, leur culte, leurs idées vont nous apporter de nouvelles preuves de leur origine asiatique. En 1492, Christophe Colomb, à la vue des habitants du pays qu'il venait de découvrir, fut si frappé de leur ressemblance avec les riverains de l'Indus, qu'il les appela les *Indiens du Nouveau-Monde*. En effet, tout ce qui frappe en eux au premier aspect rappelle la population de l'Hindoustan : cheveux noirs et plats, yeux bruns et transparents, figure ovale, pommettes prononcées, peu ou point de barbe, épiderme fin, doux au toucher, fortement coloré. Ce teint, qui leur a valu le surnom de *Peaux-Rouges*, est, à la vérité, devenu plus foncé par quelques particularités de leur nouvelle existence, mais il se retrouve chez la plupart des indigènes de l'Asie. L'ensemble de ces traits s'est conservé avec une étonnante identité dans toutes les variétés de la race. Il a résisté aux influences contraires du froid et du chaud, de la disette et de l'abondance. On le reconnaît chez tous les Indiens de l'Amérique du Nord, qu'ils soient bien nourris, grands et robustes, comme les Osages et les Algonquins, ou que, s'alimentant de poissons et de racines, ils aient, comme les Shoshones, une corpulence molle et languissante. Il en faut conclure que les Indiens des États-Unis sont originaires des bords de l'Indus. Comment expliquer cependant que cette population, que nous avons fait embarquer aux rivages du Kamtchatka, fût venue dans l'Asie septentrionale, quittant, pour ces steppes glacées, les vallées délicieuses de l'Hindoustan ? Cette migration du sud au nord n'est-elle pas aussi contraire aux usages des peuples qu'aux instincts de l'espèce humaine ? Puis quelle étendue, de terres à traverser ! que de fleuves, que de montagnes à franchir ! et cela avec la certitude de trouver, non pas un climat meilleur, mais un climat plus rigoureux ! A la vérité, les populations de l'Asie ont été bouleversées par bien des fléaux. Vers le XIe siècle, des conquérants tartares promenèrent dans ces contrées l'épouvante et la dévastation, et chassèrent devant eux les débris des empires disparus. Néanmoins entre le cap oriental de l'Asie septentrionale et les monts Himalaya il y a tant d'espace et de barrières, que cette explication paraît insuffisante. On pourrait sans doute imaginer d'autres hypothèses ; mais, quelque ingénieuses qu'elles fussent, elles prouveraient moins que les rapports physiologiques. On a épuisé les procédés de l'investigation pour établir que les Indiens des deux continents appartiennent à la même race. L'Académie des sciences de Philadelphie, s'armant de microscopes, est allée jusqu'à démontrer que les tiges des cheveux et des poils, qui sont rondes chez les Européens et très ellipsoïdes chez les nègres, sont au contraire constamment ovales chez les Indiens d'Asie et chez ceux d'Amérique. À la suite d'autres expériences non moins minutieuses, il a fallu conclure à la parfaite ressemblance physique de ces deux populations. Sous le rapport intellectuel et moral, la parité n'est pas moins frappante. C'est de part et d'autre l'inexplicable contradiction d'une intelligence très vive chez les individus et d'une absence complète de progrès dans l'espèce. Prenez au hasard un chasseur de ces tribus nomades : vous admirerez non-seulement la sûreté, l'étendue et la finesse de ses sens, mais la pénétration et la sagacité de son entendement. Considérez ensuite la tribu à laquelle il appartient : vous verrez qu'elle vieillit dans une éternelle enfance, et que le contact des peuples civilisés, qui dure depuis trois siècles et demi, ne lui a nullement profité. Transportez-vous maintenant au milieu des Hindous, vous remarquerez le même contraste. Sans doute la civilisation est plus grande dans le Bengale que derrière les Montagnes-Rocheuses, mais elle n'est pas moins dénuée de progrès et d'esprit d'invention.

Malgré leur apathie, les Indiens ne sont pas incapables de toute vertu. Ils poussent plus loin que nous les affections de famille et les dévouements de la confraternité ; ils ont un fonds inépuisable de générosité. Sur les bords du Gange, des veuves se précipitent dans les flammes pour se brûler avec les corps de leurs maris : on peut citer des traits du même genre chez les Indiens d'Amérique Rien n'est plus fréquent que de voir un fils rester trois jours sans manger à côté de son père expirant. Après sa mort, il visite assidûment, pendant de longues années, son tombeau aérien. Dans les combats qu'ils ont soutenus contre les Européens, les Indiens ont fait admirer non-seulement leur courage et leur sang-froid, mais leur empressement à se sacrifier les uns pour les autres.

Leur religion a peu de part à ce qu'ils font de bon et de généreux : elle a le double inconvénient de celles qu'on enseigne sur les bords du Gange et de l'Indus. Ce qu'elle contient de vrai n'a pas assez d'influence sur les habitudes de la vie, et les erreurs qui s'y mêlent engendrent des pratiques pernicieuses. Les Indiens croient à un *grand-esprit*, mais ils ne reconnaissent en lui ni bonté, ni sagesse, ni justice. Ils se figurent que l'Être suprême est trop au-dessus des hommes pour s'occuper incessamment de chacun d'eux. Néanmoins ils lui rendent une espèce de culte, et ce culte est celui-là même que Zoroastre prescrivait à ses disciples, lorsqu'il leur disait : « N'élevez à Dieu ni temples, ni autels, ni statues. Riez de la folie des nations qui se figurent que le Tout-Puissant a quelque ressemblance avec la nature humaine. Si vous lui offrez des sacrifices, que ce soit sur les sommets des montagnes ; mais il vaut mieux ne lui adresser que des hymnes et des prières. Il se contentera des vœux de vos cœurs et de la fumée de l'encens. » Les Indiens de l'Amérique septentrionale ne bâtissent pas de temples ni d'autels au *grand-esprit*, et ne cherchent pas à le représenter sous des images sensibles ; mais ils choisissent les sites les plus imposants pour lui adresser leurs prières et brûler en son honneur les feuilles desséchées du végétal le plus odorant de leur pays, le tabac. Ils soufflent la fumée vers le zénith, et cette cérémonie rappelle, soit le culte du feu, qui s'est toujours pratiqué dans l'Inde, soit l'adoration du soleil, répandue dans l'Asie.

Par malheur, après avoir présenté leurs hommages à l'Être suprême, dont ils méconnaissent la providence, ils les prostituent à des divinités imaginaires auxquelles ils attribuent un pouvoir illimité. Ils vont jusqu'à leur immoler leurs prisonniers de guerre. Ces monstrueux excès s'expliquent par quelques autres dogmes venus également de l'Asie. On sait que, d'après la doctrine de Zoroastre, le *grand-esprit* a livré le monde à deux ennemis irréconciliables : Ormuzd, le principe du bien, et Ahriman, le principe du mal. Ahriman était représenté sous la forme d'un serpent, Ormuzd par l'image d'un cercle, d'un globe ou d'un œuf, et pour marquer la prédominance du mal, la tradition rapporte que l'œuf a été percé par le serpent. Les Indiens d'Amérique ont connu ce mythe de temps immémorial, et l'on trouve vers les sources de l'Ohio la gigantesque figure d'un serpent perçant un œuf. Sur un mont qui s'élance dans les airs, comme une immense tour, du milieu d'un groupe de collines, on a simulé en relief, avec de larges terrassements, les replis tortueux d'un serpent. Le reptile semble rouler lentement ses longues spirales vers le sommet. Il couvre une étendue de plus de mille pieds. La tête du monstre se confond avec la cime du pic, et ses mâchoires s'ouvrent avec effort, comme pour avaler une proie volumineuse. Dans l'ouverture de cette large gueule est placé un bloc de pierre taillé de forme oblongue, et représentant assez exactement la configuration d'un œuf.

Une autre croyance que les Indiens d'Amérique semblent avoir emportée avec eux du sud de l'Asie, c'est celle de la transmigration des âmes. Le nouvel associé que prend l'âme après sa séparation du corps n'appartient pas nécessairement à l'espèce humaine ; il peut être un quadrupède, un oiseau, un poisson. Les nombreuses fictions qui se sont groupées autour de cette croyance semblent laisser à l'homme expirant le choix de la nouvelle vie dont va jouir la meilleure partie de lui-même.

Cependant les Indiens croient aussi en des âmes d'une autre espèce, qui, après la mort, résident autour des cendres et sur les cercueils des défunts. De là leur coutume générale de faire des libations et des offrandes d'aliments aux ombres de leurs ancêtres. Pour conserver les dépouilles mortelles d'un chef de famille, ils les imbibent d'une essence huileuse qui les durcit et les pétrifie pour ainsi dire. Ils les enveloppent de longues bandelettes fabriquées avec l'écorce du bouleau. Ces langes, comparables pour la solidité et pour la souplesse à nos tissus de soie, sont entortillés avec symétrie autour du corps, depuis la tête jusqu'aux pieds. On vernit les nombreuses spirales de ce linceul avec une teinture plus luisante que le vermillon. Après avoir ainsi préparé et décoré la momie, on choisit pour la déposer, soit près d'une cataracte, soit dans une gorge de montagne, un de ces paysages où tout semble combiné pour inspirer la terreur religieuse et le sentiment de la Divinité. Des corps nombreux, tous décorés avec le même soin sont attachés de distance en distance à des troncs d'arbres ébranchés en signe de deuil. Aux jours de fête, la famille se dirige vers le hamac funèbre : l'un tient dans ses mains un gâteau pétri avec de la farine de maïs, un autre porte une calebasse remplie d'une liqueur fermentée, un troisième a mis dans un panier quelque espèce de fruit dont le défunt faisait ses délices. Tous ont la tête nue et sont revêtus de leurs habits les plus beaux. À une vingtaine de pas de l'arbre, ils s'arrêtent dans l'attitude du respect ; le plus ancien, s'avançant à pas mesurés, suspend successivement les offrandes.

Celui qui manque volontairement à ses devoirs envers ses ancêtres est tenu pour un impie, et toutes les calamités qui fondent sur lui ou sa famille sont considérées comme de justes châtiments de son crime. Un Indien tombe-t-il dans un précipice, c'est l'âme négligée de quelque parent qui l'y a poussé. D'autres fois c'est sur sa femme ou sur son fils que retombe la vengeance de l'esprit, et les légendes ne manquent pas pour entretenir ces préjugés.

Porter des aliments aux morts est une pratique qui fut connue de tout temps en Asie, et les Israélites même s'y laissèrent aller quelquefois, comme on le voit dans le psaume 106. Comment concilier cette coutume avec le dogme de la métempsycose ? Faut-il en conclure que les Indiens d'Amérique attribuent deux âmes à chaque homme ?

C'est sans doute le moyen d'accorder ensemble deux croyances qui se contredisent, mais peut-être n'est-il pas besoin de les accorder. Les Indiens ne se piquent pas de logique, et ils se préoccupent si peu de cette contradiction qui donne au même esprit deux destinations différentes, qu'ils en ont encore imaginé une troisième. Celle-là du moins a l'avantage de choquer moins nos idées. L'âme va dans un séjour fortuné qu'on appelle *l'île des bénédictions*. Une légende fort répandue sur les bords des grands lacs nous fait connaître ces Champs-Elysées. Les gracieuses légendes qui décrivent ces Champs-Elysées du Nouveau-Monde contrastent avec les mœurs farouches des Indiens : elles s'inspirent du dogme de la juste rémunération, qu'ils paraissent cependant ignorer.

Doit-on croire qu'ils les aient imaginées ? Ne sont-elles pas sorties de ce berceau du genre humain d'où les Grecs eux-mêmes les avaient emportées ? On peut en dire autant de leurs croyances sur les êtres immatériels qu'ils croient reconnaître partout autour d'eux. Chacun des deux principes du bien et du mal a produit des légions d'esprits inférieurs en puissance, mais animés des mêmes instincts et qui sont ses auxiliaires assidus, des génies, les uns bons, les autres méchants, sont désignés sous le nom commun de *manitous*. Chaque adolescent est sûr d'être assailli par un mauvais génie. Pour contre-balancer cette maligne influence, il se relègue, dès l'âge de quinze ans, dans la retraite, y fait des prières, et s'impose un jeûne rigoureux, c'est-à-dire une complète abstinence d'aliments, qui doit durer neuf jours.

Pendant cette préparation ascétique, il a des visions mystérieuses au milieu desquelles un bon génie se révèle à lui sous la forme d'un quadrupède ou d'un oiseau. Dès qu'il l'a vu plusieurs fois lui apparaître et qu'il a bien reconnu sa figure, il se tient pour assuré de sa protection dans les épreuves et les dangers. Cette assistance cependant ne saurait le tranquilliser, parce que le bon génie peut se trouver plus faible que le mauvais génie. De là une source intarissable d'appréhensions et d'anxiétés, qu'excite encore l'idée que l'air, la terre, l'eau et tous les éléments sont peuplés d'une foule innombrable de ces esprits, toujours en guerre. C'est là encore un trait de ressemblance avec les Hindous, qui, tout en reconnaissant l'unité de Dieu, n'en comptent pas moins trente mille divinités.

Ainsi des analogies de toute sorte rapprochent les Indiens de l'Amérique septentrionale de ceux de l'Asie. En eux se retrouvent les qualités, les défauts, les traditions, le culte des peuplades de l'Hindoustan. Même les nouvelles superstitions qu'ils ont créées sont empreintes du mysticisme de l'Orient. Les vicissitudes de leur existence, l'éloignement de la patrie primitive n'ont point effacé les traits originels, et les différences qui apparaissent entre les phases historiques qu'ont traversées les deux Indes rendent encore plus frappantes ces similitudes de coutumes, de rites, de préjugés. Christophe Colomb les avait sans doute remarquées quand il donna le nom d'Indiens aux hommes qu'il venait de découvrir. Il n'avait pu cependant observer que les ressemblances extérieures.

Aujourd'hui que les savants de Philadelphie ont pénétré jusque dans le secret de leurs croyances et de leurs mœurs, levé tous les voiles, scruté tous les mystères, leur témoignage démontre que cette dénomination était juste, et que Christophe Colomb avait bien deviné.

II. Institutions et mœurs des tribus.
*La famille indienne. — Jeux et cérémonies —
Légendes du Wigwam*

Les tribus indiennes sont constituées de tant de manières diverses, qu'elles échappent aux considérations générales. Leur principal trait de ressemblance est dans l'irrégularité même des formes qui accompagnent chez elles l'exercice de l'autorité publique. Ce sont des événements fortuits qui font attribuer le commandement à certains hommes ou à certaines familles, mais les circonstances peuvent aussi à toute heure le leur enlever. On voit des capitaines, révérés jadis, remplacés par de plus heureux. D'autres fois c'est l'anarchie qui règne, jusqu'à ce qu'un nouveau danger vienne reconstituer un autre gouvernement, qui n'est pas moins provisoire. Le plus souvent l'autorité appartient au même homme jusqu'à sa mort, et même se transmet à son fils. Dans une tribu, chaque clan a son capitaine particulier. Lorsqu'il s'agit d'une affaire qui intéresse toute la tribu, les divers chefs se réunissent. Chez les Algonquins, ces capitaines s'appellent *nosas*, et lorsqu'ils font partie d'une assemblée générale, ils prennent le nom d'*ogimas*. Le premier de ces titres correspond à celui de père, et le second à celui de magistrat. Les autres tribus ont pareillement deux termes distincts pour désigner ces deux dignités. Les ogimas qui se distinguent dans ces réunions par la sagesse de leurs conseils s'attirent une considération qui rejaillit sur leur clan. Leur canton se trouve ainsi intéressé à les maintenir à sa tête. D'autre part, comme les prérogatives du commandement n'ont rien de bien déterminé, elles sont plus ou moins étendues, selon le mérite du titulaire. S'il ne possède pas quelque supériorité réelle, son titre est purement nominal, et son influence est nulle. Si au contraire il donne des preuves évidentes de bravoure et d'énergie, il peut parler et agir en maître ; tout plie aisément devant lui.

Les capitaines, réunis en conseil, décident de la paix et de la guerre ; c'est avec eux que traite le congrès américain. Voilà tout le gouvernement de ces tribus. Les Indiens n'ont pas même de procédé pour exprimer les suffrages et constater les votes. Ils se rassemblent au centre de quelque forêt ou dans quelque gorge de montagne, et sans préambules, sans régler l'ordre de la discussion, sans même nommer ou reconnaître un président, ils s'entretiennent de l'affaire du jour. Après des pourparlers, quelque peu décousus, si l'un des chasseurs réunis en conseil vient à émettre une proposition précise et à la soutenir avec feu, il entraîne les cœurs, et son avis est accepté par acclamation, le plus souvent avec les battements sinistres de ces massues appelées si justement des *casse-têtes*. On se sépare ensuite pour aller communiquer cette résolution aux guerriers des différents cantons, qui l'acceptent sans la discuter.

C'est chez les Dacotahs surtout qu'il faut étudier les limites tracées au pouvoir des chefs indiens par la coutume des tribus. Si les chefs des Dacotahs veulent empêcher un malfaiteur de commettre un crime, ils n'ont pas d'autre moyen que de lui payer une somme pour l'en détourner. Ils ne peuvent pas engager la responsabilité de la tribu, et s'ils le faisaient, ils courraient le risque d'être maltraités, blessés et même tués. Ils ne reçoivent aucun traitement, ils ne prélèvent aucun impôt et ne peuvent exiger aucun émolument pour les services qu'ils rendent à des particuliers. Ils ne portent sur leur personne aucune marque distinctive. Ils ne sont pas mieux vêtus que ceux qui n'ont aucun rang. Les Indiens sont naturellement très fiers, et les sentiments d'indépendance et d'égalité sont profondément enracinés dans leurs âmes. Ils ne se résignent que difficilement à la moindre apparence de soumission. Chacun d'eux croit qu'il a plein droit de faire ce qui lui plaît : il se figure que personne ne vaut mieux que lui, et il est toujours prêt à combattre pour soutenir ses prétentions.

En somme, dans leurs différends soit entre eux, soit avec les étrangers, les Dacotahs ne recourent pas volontiers à l'arbitrage de leurs chefs. Un homme, est-il lésé dans ses droits ou dans sa personne, il en appelle à sa massue ou à ses flèches. Un meurtre est-il commis, les parents du mort croient avoir le droit et l'obligation de tuer l'homicide. Cependant l'assemblée publique intervient quelquefois et prononce une espèce de sentence. Quand cette sentence est une condamnation à la peine capitale, on désigne des exécuteurs, et ceux-ci prennent leurs dispositions comme il leur convient. Ils choisissent les armes, le temps, le lieu, le genre de mort.

Une autre famille d'Indiens, les Shoshones, personnifient plus énergiquement peut-être encore que les Dacotahs l'esprit d'indépendance de ces populations nomades. Les Shoshones ont toujours été relégués dans les gorges les plus stériles des Montagnes-Rocheuses. Avant d'avoir des chevaux, ils ne possédaient rien en propre ; n'ayant rien à conserver, ils n'avaient à peu près aucune forme d'organisation sociale. Ils vivaient épars au milieu des déserts, sans mœurs comme sans lois, courant le jour après leur proie et se retirant la nuit au fond des antres. Cependant au printemps, lorsqu'ils voyaient que les saumons, en remontant les cours d'eau, arrivaient jusqu'aux sources des rivières, ils allaient s'établir sur les rives les plus favorables pour la pêche. Là, ils formaient une espèce d'association passagère. Les plus expérimentés dirigeaient les autres et exerçaient une certaine autorité tant que leurs conseils paraissaient utiles ; mais dès que le temps de la pêche était passé, personne n'avait plus de soumission ni d'égards pour eux. Il en était de même dans les grandes parties de chasse.

Depuis l'introduction des chevaux dans cette tribu, les Shoshones qui en possèdent se sont associés pour se protéger mutuellement. Ils se sont constitués à peu près comme les autres tribus, et ils élisent des chefs plus ou moins respectés. Ceux qui n'ont pas de chevaux, et qu'on nomme *sioux*, en sont d'autant plus misérables. Ne pouvant plus atteindre les bisons et les autres animaux chassés et poussés au loin par les cavaliers, ils sont réduits à se nourrir de racines pendant la plus grande partie de l'année. Exaspérés par les privations et les souffrances, ils ne sont conduits que par l'instinct de la rapine et la soif du sang. Du reste, il est difficile de comprendre comment ils peuvent vivre au milieu de ces entassements de rochers volcaniques qui sont couverts de neige pendant six mois de l'année et calcinés par le soleil pendant les six autres mois. Les habitants de ces contrées désolées n'ont en quelque sorte plus rien d'humain. Ils ne ressentent pas plus de rancune pour les offenses que de gratitude pour les bienfaits. Une bande d'entre eux, dénuée de tout moyen de subsistance, vint mendier au Fort-Hall, où se trouvaient un poste d'une trentaine de militaires et autant de trafiquants qui faisaient le commerce des fourrures. Deux de ces négociants, originaires de Philadelphie, avaient été fort généreux pour sept ou huit de ces Indiens affamés, et ils les avaient nourris pendant tout l'hiver. Au printemps, ils les emmenèrent avec eux, et s'engagèrent dans les montagnes, afin d'aller prendre des animaux sauvages. À peine ces Indiens se virent-ils loin du fort, qu'ils tuèrent leurs bienfaiteurs de propos délibéré, froidement, pour s'approprier leur argent et leurs bagages.

D'où vient cet excès de barbarie qu'on rencontre chez les Shoshones ? C'est qu'ils ne possèdent rien, pas même des troupeaux ; ils ne vivent que de racines et de gibier. C'est l'absence de toute propriété qui les empêche de s'unir pour se donner des lois, et pourtant ils portent très loin l'instinct de la possession. À peine quelques-uns d'entre eux possèdent-ils des chevaux, qu'ils se coalisent pour se les garantir mutuellement et former une première ébauche de gouvernement.

En regard de ces tribus anarchiques, il est juste de placer les Iroquois. Ceux-ci n'avaient pas attendu l'arrivée des Européens pour entrer dans la voie de la civilisation. Établis autour des grands lacs, dans des terres fertiles, où ils cultivaient le maïs, ils avaient formé *la ligue des cinq nations*, confédération si forte, qu'elle a résisté aux secousses qui ont tant de fois, depuis trois cents ans, bouleversé cette partie du monde. L'historien Clinton a cru remarquer que cette association avait beaucoup de ressemblance avec le conseil des amphictyons. Le savant Charlevoix, entrant plus avant dans cette assertion, a même prétendu retrouver, dans le dialecte de ce peuple, un grand nombre de mots dérivés du grec. Lorsque M. Henry Schoolcraft accueille de pareilles hypothèses, il me semble s'écarter de sa réserve, ordinairement si judicieuse. Il ne s'en éloigne pas moins quand il préfère la république des Iroquois aux puissants empires des caciques et des incas. Ce qui explique l'exagération de ces éloges, c'est que cette confédération avait une véritable analogie, par son caractère essentiellement démocratique, avec la confédération actuelle des États-Unis. On pourrait dire qu'elle en a été l'ébauche et le premier essai. En effet, c'était une coalition de plusieurs tribus qui, tout en gardant chacune son entière indépendance, se concertaient sur les affaires communes. Chaque canton envoyait ses représentants à l'assemblée générale. Si son opinion était différente de celle des autres, rien ne l'obligeait à se soumettre à la majorité. Même dans une question de guerre ou d'intérêt commun, tous les cantons, à l'exception d'un seul, étant du même avis, celui qui n'approuvait pas la résolution prise pouvait n'y pas concourir.

Ces peuples s'appelaient *Onguehonwe*, c'est-à-dire les *hommes supérieurs*. Ils étaient fiers de leurs institutions. Ils l'ont souvent prouvé, notamment dans une circonstance solennelle. C'était en 1774 ; les colonies anglaises allaient rompre avec la métropole ; elles tenaient les fameuses conférences de Lancastre. Canassatego, un sachem des Iroquois, fort considéré des députés de la Pennsylvanie, était admis à ces délibérations. Voyant la vivacité des débats, il en fut alarmé et dit aux députés : « Les fondateurs de notre république ont montré beaucoup de sagesse en établissant le bon accord entre nos tribus. C'est cette union qui nous a rendus si longtemps formidables. Vous aussi, vous serez puissants si vous restez étroitement unis : voilà pourquoi je vous conseille, quoi qu'il arrive, de ne pas vous séparer les uns des autres. »

Les chefs des Iroquois sont de deux ordres : les uns s'appellent *sachems*, c'est-à-dire *sages vieillards*, et s'occupent des affaires civiles ; les autres portent le nom de *capitaines*, et conduisent les guerriers. Les uns et les autres sont plus pauvres que les gens du peuple, car ils se font un point d'honneur de répandre en libéralités les présents qu'ils reçoivent des tribus voisines et le butin qu'ils enlèvent aux ennemis. Toute action entachée de cupidité entraîne leur déchéance, leur autorité n'étant fondée que sur l'estime publique.

Les Iroquois pratiquaient un usage qui fut une des causes de l'agrandissement de Rome : ils tâchaient d'incorporer à leur république les nations soumises. Après la victoire, ils satisfaisaient leurs passions vindicatives en immolant quelques-uns de leurs prisonniers, mais ils pardonnaient aux autres et les adoptaient. Si ces nouveaux citoyens se conduisaient bien, ils étaient aussi estimés que les anciens, et l'on en cite qui sont devenus des capitaines et des sachems renommés. C'est ainsi que la tribu des Tuscaroras et celle des Cowetas se sont réunies à la confédération. Les cinq nations n'admettaient aucune espèce d'esclavage. Un jour un Anglais s'évada de la prison d'Albany, où il était retenu pour dettes. Les Iroquois l'accueillirent et le protégèrent contre les poursuites du shérif et des officiers de justice. Comme le commandant militaire d'Albany s'en formalisait, le conseil du canton se réunit, et décida qu'on paierait les dettes du réfugié et qu'on lui donnerait des terres à cultiver. Cet Anglais vécut paisiblement dans ce domaine généreusement octroyé.

Ce qui prouve le mieux l'instinct démocratique des Iroquois, ce sont leurs jalouses précautions pour prévenir l'établissement d'une dynastie. Les deux dignités de sachem et de capitaine ne se transmettent jamais aux fils de ceux qui en ont été revêtus. L'hérédité se conserve néanmoins, mais par la ligne collatérale. Si le chef a une sœur née après lui du même père, et que cette sœur se marie, c'est le premier fils issu de ce mariage qui est destiné au commandement. La succession se fait de l'oncle au neveu par l'intermédiaire d'une sœur. Ce neveu est l'héritier présomptif, mais il faut de plus qu'il soit installé avec l'approbation publique du clan, et que ceux qui doivent lui obéir aient commencé par l'investir. On a voulu à la fois emprunter à l'hérédité la garantie d'ordre public qu'elle renferme et en retrancher ce qui élève une famille au-dessus, des autres. On pourrait voir encore dans cette institution une tendance à relever la condition des femmes, à leur attribuer un rang honorable. Les Iroquois admettent les mères de famille dans les délibérations, et leur reconnaissent le droit de s'opposer, lorsqu'elles le jugent à propos, aux expéditions militaires ; les mères ont également le droit, lorsqu'une guerre est commencée, d'ouvrir des motions de paix.

On peut considérer le gouvernement des Iroquois comme le plus haut point d'organisation sociale qu'aient atteint les tribus indiennes. Il ne faut pas aller cependant jusqu'à le comparer au conseil des amphictyons : il n'a aucun rapport ni avec la Grèce, ni avec Rome. Le gouvernement des États-Unis est le seul avec lequel il ait quelques points de ressemblance ; peut-être même pourrait-on le louer d'avoir été plus conséquent en proscrivant l'esclavage.

Les Dacotahs, les Shoshones d'abord, les Iroquois ensuite, nous ont montré la constitution des tribus indiennes sous ses deux aspects les plus caractéristiques, — l'anarchie d'une part, la fédération démocratique de l'autre. De ce qu'on peut appeler la vie publique des tribus, passons à leur vie privée. Ce qui doit nous frapper avant tout ici, ce sont les garanties qui protègent la famille indienne contre mille causes de dissolution. Parmi ces garanties, il faut citer notamment l'usage général des armoiries, qu'on appelle *totems*. De même que chaque clan, pour se distinguer des autres, adopte un symbole, de même chaque famille prend un signe caractéristique commun aux membres qui la composent. Le plus souvent c'est un quadrupède ou un oiseau, quelquefois un astre ou un objet dans lequel on croit reconnaître une vertu extraordinaire. Le *totem* sert de signature aux Indiens dans les actions importantes de leur vie ; à leur décès, gravé sur leurs cercueils, il conserve leur souvenir. Ce n'est pas que les personnes n'aient aussi chacune ses noms propres, mais elles les produisent rarement. L'usage et la superstition les engagent à les tenir secrets. Leur véritable appellation, c'est le *totem*. On dirait que l'individu n'est rien par lui-même, et qu'il n'existe que par ses proches et pour ses proches.

Les femmes ont à pourvoir à leurs vêtements et à ceux de leurs maris. Ce devoir leur impose des travaux plus longs et plus pénibles qu'on ne pense. Non-seulement les raffinements que leur inspire le désir de plaire sont de tous les pays, mais la coquetterie des hommes eux-mêmes, pour être fort différente de celle de nos petits-maîtres, n'est ni moins exigeante ni moins pointilleuse. Ils satisfont cette vanité par les couleurs et la façon de leurs vêtements.

Ce qu'on remarque d'abord chez les femmes indiennes, c'est leur constitution plus robuste qu'élégante et leur air de vigueur. De longues bottes de fourrures accusent les parties musculeuses de leurs jambes, et se perdent sous les pans flottants de leurs robes courtes et dégagées. Un justaucorps en forme de jaquette dessine leur taille sans affectation, et s'élargit en belles proportions sans le secours d'aucun appareil postiche. Leurs seins rappellent ces épithètes un peu sensuelles dont le vieil Homère était peu ménager. Leurs cheveux épais se partagent sur leurs fronts, encadrent le grand ovale de leurs visages colorés, et flottent en tresses négligées sur leurs larges épaules. L'une déploie de ses mains nerveuses la dépouille d'un gros bison sur une potence formée par trois pièces de bois : elle la suspend à la perche supérieure, elle la tend avec raideur entre les deux poteaux, puis, armée d'instruments aussi variés que ceux de nos tanneries, elle fait subir à la peau des opérations diverses, et parvient à lui donner autant de souplesse que de solidité.

Une autre fait aussi le métier de corroyeur, mais par un procédé tout différent. Elle soumet la peau de bison à l'action de la fumée, afin de la rendre plus sèche et plus moelleuse. La peau, déployée au-dessus d'un fourneau pratiqué en terre, reçoit les vapeurs brûlantes qui l'imprègnent, bouchent les pores, et la rendent entièrement imperméable.

À côté de ces occupations, qui exigent de la force, s'en présentent d'autres qui demandent plus de goût et plus de dextérité. Ici c'est une jeune fille qui tresse une filoche élégante pour recouvrir le carquois de son amant. Cette autre assortit des glands de différentes couleurs pour en parer la poignée d'une massue ou le fourreau d'un poignard. Ailleurs on prépare des engins pour la pêche. Ce qui réclame le plus de soin, ce sont les espèces de brodequins qu'on appelle *mocassins*.

Ces peuples chasseurs, comme les héros d'Homère, tiennent singulièrement à l'élégance de leurs chaussures. Chez les Algonquins, on les pare d'une garniture faite avec des piquants de porc-épic. Les Dacotahs les teignent en rouge. Les Achalaques y suspendent des osselets d'oiseau, qui, en se choquant les uns contre les autres, produisent un tintement assez semblable à celui des grelots. Chaque tribu adopte, pour cette partie de son costume, quelque signe particulier, et qui sert à la distinguer des autres. On fabrique encore, pour marcher sur la neige, un appareil qu'on appelle *foule-neige*, et qui mérite d'être remarqué. Par leur forme, ces *foule-neige* rappellent nos raquettes à volant. On les attache aux mocassins, et comme ils sont d'une bien plus grande dimension, ils s'enfoncent d'autant moins dans la neige, qu'ils font porter le poids du corps sur une base plus large. Du reste, ils sont si légers et s'attachent avec des cordonnets si lâches, qu'ils laissent aux muscles des pieds et des jambes une pleine liberté de mouvements.

Les autres pièces d'habillement ne sont pas moins industrieusement façonnées. Ce sont des haut-de-chausses garnis de franges bariolées, des ceintures terminées par des filoches et des glands, des vestes adroitement composées de diverses fourrures, des coiffures où se nuancent les plumes les plus brillantes, des colliers minutieusement ornés de figures emblématiques, des calumets sculptés avec plus de patience que de goût, des pendants d'oreilles de forme et de volume étranges, qui doivent être singulièrement incommodes. Tous ces objets sont exécutés par les femmes.

Les occupations des femmes indiennes varient suivant les saisons. Nous avons parlé de leurs travaux d'hiver. Le retour du beau temps ne les trouve pas oisives. Il faut alors semer le maïs, le préserver de la voracité des oiseaux et des bêtes sauvages et le récolter. Il faut couper le bois, tresser les nattes et réparer les dégâts faits aux *wigwams* par les vents et les tempêtes. Leurs maris les regardent agir avec une parfaite insouciance. Rien n'est plus paresseux que le chasseur lorsqu'il est rentré chez lui. À la suite de ses fatigues, qui durent des mois entiers, l'Indien revenu au logis se laisse aller à une telle somnolence qu'il devient indifférent à tout ce qui l'entoure. Cette torpeur a son bon côté : elle le rend tolérant et débonnaire. Que les aliments qu'on lui sert soient bons ou mauvais, il s'en contente toujours. S'il n'en a d'aucune espèce, il passe à jeun des journées entières sans se plaindre.

Quoi qu'on dise autour de lui, quoi qu'on fasse, il ne gronde ni sa femme ni ses enfants. Il se résigne à tout avec la même apathie. Pour le réveiller de cette léthargie, la voix de l'intérêt n'est pas assez forte, il faut aussi celle du plaisir. Or, parmi les occupations qui ont ce double attrait, on peut ranger la récolte du sucre. Les Indiens retirent ce produit d'une espèce d'érable qui est très commune autour des grands lacs. Pendant une vingtaine de jours, on croirait voir chez eux la jovialité de nos vendanges se réunir aux bouffonneries de notre carnaval. Tous prennent part à la récolte, et comme tous sont très friands de ce sucre, ils en mangent avec une profusion qui incommoderait fortement d'autres estomacs que les leurs.

On choisit l'époque où les érables devancent par leur précocité l'arrivée du printemps. Le froid empêche encore leurs feuilles de se développer, mais leur sève surabondante, grâce à la fécondité du sol, remplit déjà les racines à pleins canaux, gonfle les bourgeons, et soulève l'écorce à tel point qu'elle éclate souvent et se fend. Il suffit alors de faire des incisions aux troncs et aux grosses branches pour faire couler abondamment cette gomme précieuse. On la recueille d'abord dans des baquets de bois, et on la porte dans des vases de métal qui sont placés sur de grands feux. Toute la préparation consiste à faire bouillir ce suc et à le laisser se cristalliser de lui-même en se refroidissant.

Une partie considérable est consommée sur place et sans délai ; celle-ci est versée toute bouillante sur la neige. À ce contact subit, le sucre écume et pétille, la neige se fond et s'évapore en fumée. En même temps les enfants, se prenant par les mains, entonnent des chansons bruyantes et forment à l'entour des rondes tumultueuses. Dès qu'ils voient les grumeaux se former et rouler épars sur la neige liquéfiée, ils rompent leurs rangs pour se précipiter sur cette proie. Ces régals se répètent depuis le matin jusqu'au soir.

Les hommes et les femmes se mêlent à ces jeux bruyants, et les vieillards eux-mêmes retrouvent leurs forces et leur gaieté au spectacle de cette joyeuse abondance. Tout ce que cette fête offre à la fois de pénible et de lucratif est le partage des femmes. Elles coupent et fendent le bois pour entretenir les feux ; elles reçoivent la sève dans les baquets, elles vont la vider dans les chaudières. Ce sont elles encore qui la transvasent pour la faire refroidir et qui en remplissent des tonneaux d'inégales dimensions. De ces barils, dont le poids peut varier de dix à quinze kilogrammes, les uns sont réservés pour la provision des ménages, les autres sont destinés à être vendus à des marchands étrangers. On les livre à raison de 2 ou 3 centimes le kilogramme. Le prix, du reste, est rarement payé en espèces. Les Indiens préfèrent recevoir en échange des vêtements, des outils, des liqueurs. Ce commerce est le principal revenu des tribus établies sur les bords du lac Michigan. Il n'est pas de famille, quelque insouciante qu'elle soit, qui ne vende une cinquantaine de barils de sucre ; les plus diligentes en expédient chacune plusieurs centaines. Pour occuper les loisirs que leur procurent les longs jours d'été, les Indiens ont imaginé divers jeux, dont quelques-uns méritent d'être décrits. Un de ceux qui les captivent le plus est fort compliqué, quoique le gain dépende ici uniquement du hasard. Quarante noyaux de prune tiennent lieu de dés. Ils sont divisés en cinq séries de nombre égal. Les huit jetons du premier groupe ont chacun une face sculptée et l'autre unie ; les côtés sculptés représentent sur le premier et le deuxième noyau des aigles, sur le troisième et le quatrième des tortues, sur les quatre derniers des bisons. Le joueur qui commence la partie prend ces huit dés sur une raquette : il les agite et les verse sur le gazon. S'il obtient sur les faces supérieures, ou les deux aigles, ou un aigle et les deux tortues, ou les deux tortues et les quatre bisons, il a gagné. S'il ne peut montrer que des faces unies, il a perdu. Toutes les autres combinaisons, qui sont incomparablement plus nombreuses, rendent le coup nul, et dans ce dernier cas le joueur doit passer à la deuxième série de noyaux.

Dans cette deuxième série, les chances de gain sont encore moins grandes, et si le joueur n'en rencontre pas une, il est rejeté à la troisième série. Celle-ci surpasse en calculs et en complications les deux précédentes, et le premier joueur est souvent rejeté d'une série à l'autre jusqu'à la cinquième, laquelle peut encore laisser toutes les chances indécises.

Si l'on songe que cette partie peut occuper simultanément douze personnes, et que par conséquent elle peut leur faire parcourir par douze voies différentes le labyrinthe de tant de combinaisons, on sera étonné que des hommes qui passent des saisons entières à poursuivre les bêtes fauves aient assez de patience pour s'assujettir à cet interminable ballottement de quarante dés et pour s'obstiner à épuiser des chances dont le hasard peut rendre les variations infinies. Et néanmoins, quelque compliqué que soit le jeu de noyaux, il l'est encore moins que plusieurs autres dont les descriptions demanderaient trop de temps. N'y a-t-il pas là comme une revanche de l'esprit sur les organes matériels ? Ces hommes ne cultivent aucun art, n'apprennent aucune science, ils n'exercent que leurs sens et leurs muscles. Cependant la nature les a doués d'une intelligence qui a besoin de déployer ses facultés et de s'appliquer à quelque chose. C'est là sa destinée il faut qu'elle se développe, qu'elle agisse, qu'elle se montre. Elle ne peut pas se résigner à faire *la bête*, comme dit Pascal, et, ne trouvant pas une part convenable dans les occupations sérieuses, elle se l'est faite dans les jeux et les passe-temps.

Les Indiens de l'Amérique du Nord ont d'autres amusements, où se montrent surtout la force et l'agilité : tel est leur jeu de ballon, qui ressemble au jeu de barres. On voit parfois les habitants d'un canton défier au ballon ceux d'un autre canton et mettre pour enjeux, non-seulement des massues et des arcs richement décorés, mais des ballots de peaux de bison, des chevaux et la meilleure partie de leurs richesses.

Le défi est solennellement porté ; la place du champ clos est discutée contradictoirement ; on tient compte de l'heure du jour, des rayons du soleil, de la direction du vent, des accidents du terrain. La défaite est considérée comme un déshonneur public, et la victoire est célébrée avec un enthousiasme qui rappelle les temps héroïques de la Grèce. Un autre exercice plus difficile à justifier, c'est la *danse du chien*. Ce jeu consiste à manger tout cru le foie de cet animal. Pour y prendre part, il faut s'être distingué par quelque prouesse. Il n'est pas moins essentiel, ce semble, d'être doué d'un bon estomac. On danse autour d'un chien suspendu, on en retire le foie et on l'avale avec force gambades. Cet exercice doit être indéfiniment recommencé, tant que de généreux donateurs apportent de nouveaux chiens.

Chez les tribus non soumises, la guerre est demeurée la passion dominante. Chaque chevelure arrachée à un ennemi est appliquée sur un cerceau qui la tient déployée en laissant pendre les cheveux dans toute leur longueur. Le côté intérieur est peint en rouge et semble toujours dégoutter de sang.

Ces trophées sont conservés dans les familles et montrés dans les réunions publiques. On les étale dans les danses de guerre et dans les préparatifs des combats. Ce sont les signes les plus certains de la vaillance et les meilleurs titres au commandement.

Outre ces décorations qui servent à la pompe des assemblées et à l'ornement des habitations, les Indiens en ont d'autres qu'ils portent sur leurs personnes. Ce sont d'abord des plumes d'aigle. Chaque guerrier en peut attacher à sa tête autant qu'il a terrassé d'ennemis. Certaines particularités indiquent les circonstances de ses victoires. S'il a tué seul un adversaire, il porte une plume entière et marquée d'une tache de sang. S'il l'a scalpé sur place, il fait une entaille à la barbe de sa plume et il en colore les bords en rouge. Il n'a pas droit à porter une plume entière, mais il doit en découper la barbe d'un côté ou de deux, suivant qu'il a été secondé par un camarade ou par deux. S'il n'a fait qu'aider lui-même le vainqueur, il ne laisse à sa plume qu'une faible partie du duvet. S'il a été blessé, la tige de la plume doit être fendue en long. Ces plumes sont prises à une espèce d'aigle qu'on appelle *l'oiseau de la guerre*, et qui est fort rare. Les vainqueurs sont si désireux de s'en procurer, qu'on les voit quelquefois échanger un cheval contre une seule de ces plumes.

Une autre manière de proclamer ses prouesses, c'est de peindre en rouge sur les sayons de guerre des simulacres de mains. On peut indiquer ainsi combien d'ennemis on a terrassés, combien on a fait de prisonniers, si c'étaient des hommes ou des femmes, s'ils étaient jeunes ou vieux. Du reste, il faut que ces distinctions soient prises avec l'assentiment de la tribu, et pour des faits d'armes bien avérés. Si quelqu'un avait l'impudence de s'en parer sans raison, il en serait dépouillé avec violence au milieu des assemblées.

La morale, qui ne perd jamais tous ses droits, prend chez les Indiens, comme chez tous les peuples primitifs, la forme de la légende et de l'allégorie. Tel apologue raconté sous le *wigwam* enseigne aux fils la soumission envers les pères et aux pères la douceur envers les fils ; telle tradition célèbre les bienfaits de l'agriculture, si méconnus des Indiens, ou les avantages de la concorde et de l'union. Voici, de toutes ces légendes, celle dont la moralité est la plus fine et la fable la plus ingénieuse ; elle a pour but de rappeler la funeste contagion du vice.

Sur cette belle chaîne de collines qui s'étendent depuis le mont Nundowaga jusqu'au lac Canaudaiga, habitait jadis une puissante tribu. Sa prospérité répondait à la fertilité de son territoire. Elle avait des vivres en abondance, et comme elle restait en paix avec ses voisins, sa population augmenta rapidement en nombre : elle put bâtir une grande ville.

Un jour, quelques enfants, en prenant leurs ébats dans les fossés de cette cité, trouvèrent un petit serpent, qui les fascina par sa beauté. Il avait des yeux brillants comme des diamants, le corps svelte, les mouvements gracieux, les écailles nuancées des plus belles couleurs. Ce qui étonnait le plus, c'était son air doux et caressant. Les enfants s'éprirent d'amour pour lui, et bientôt il fut également chéri des personnes de tout âge. On se disputait le plaisir de lui donner les morceaux les plus friands.

Ainsi choyé, le serpent grandit avec une étonnante rapidité ; son appétit croissait en proportion, et bientôt tous les chasseurs ne purent lui fournir de quoi satisfaire son insatiable voracité. Le serpent fut donc obligé de se procurer lui-même d'autres aliments ; il prenait avec la même facilité les poissons du lac et les quadrupèdes de la forêt. Enfin ses dimensions devinrent telles qu'en allongeant ses anneaux et en se repliant sur lui-même ; il aurait pu enceindre toute la ville dans son immense contour. Ce fut alors que ses mauvais instincts se déclarèrent. Il se mit à dévorer des enfants et même des hommes.

À cette nouvelle, la population s'émut ; on tint conseil ; il fut reconnu que ce monstre menaçait de deux manières de détruire la tribu : en la réduisant à la famine d'abord, puisque toutes les bêtes sauvages suffisaient à peine pour le nourrir, et en second lieu, par la mauvaise habitude qu'il prenait de dévorer les hommes. On résolut donc de se défaire de lui, et l'on remit au lendemain l'exécution de ce dessein ; mais le reptile se mit en défense pendant la nuit : il s'étendit tout autour des remparts, de telle manière qu'il entourait la ville avec les replis de son corps, et qu'il en barrait la porte avec sa gueule effroyable. Les habitants ne laissèrent pas de l'attaquer ; par malheur, aucune arme ne pouvait l'entamer : flèches, pieux, lances, tout s'émoussait contre ses dures écailles.

Plusieurs Indiens voulurent essayer de s'échapper en lui passant sur le corps ; mais le reptile, agitant sa croupe écailleuse et se roulant sur lui-même, les faisait tomber au-dessous de lui et les écrasait de son poids. D'autres voulurent sortir par la porte, mais ils furent dévorés.

Désespérant de l'emporter dans cette lutte inégale, les habitants se retirèrent dans leurs demeures jusqu'au moment où la faim les força de recommencer l'attaque. Ils engagèrent de nouveau la lutte, mais plus malheureusement encore que la première fois, car ils périrent tous, à l'exception d'une mère et de ses deux enfants, qui avaient toujours eu le serpent en horreur et qui furent sauvés par miracle. Cette femme eut une vision dans sa retraite, et son génie protecteur lui apprit à faire une flèche d'une forme particulière, à laquelle le destructeur de sa tribu ne pourrait pas résister. Elle suivit exactement cet avis ; elle surprit le monstre, qui, après avoir englouti dans ses entrailles des milliers de corps humains, s'était laissé gagner au sommeil. Elle lui lança la flèche magique, et rencontra le seul endroit vulnérable qu'il eût sur le corps.

Le reptile, mortellement blessé, se débattit avec fureur. Il démolit une partie des remparts, abattit la moitié de la forêt, déchira profondément les flancs de la colline, et, broyant tout ce qui s'offrait à ses mouvements convulsifs, il alla tomber dans le lac. Ces gros cailloux qu'on voit encore aujourd'hui entassés sur le rivage, ce sont les crânes pétrifiés des hommes qu'il avait dévorés et qu'il rejeta hors de ses entrailles pendant son épouvantable agonie.

Quant aux deux enfants qui s'étaient sauvés, ils continuèrent d'honorer leur mère ; ils épousèrent deux jeunes filles d'une tribu voisine, et c'est de ces mariages qu'est issue la tribu des Sénécas.

Nous pourrions raconter encore beaucoup d'autres fictions non moins ingénieuses. Dans plusieurs de ces récits, on entrevoit un caractère narquois et une ironie railleuse qui sembleraient appartenir à une civilisation plus avancée. Ainsi un guerrier qui s'était dévoué pour sa tribu revient sur la terre, afin de reconnaître s'il n'avait pas été trop bon de se sacrifier pour des compagnons d'armes fort prompts à l'oublier. Un mari, qui en mourant a laissé sa femme dans un affreux désespoir, obtient également de visiter son habitation à plusieurs reprises, pour observer les modifications assez rapides qui s'opèrent dans les regrets de sa veuve. Ces demi-jours délicatement répandus sur les faiblesses humaines, cette finesse de critique, achèvent de nous révéler chez les Indiens un esprit délié, une intelligence pénétrante, une facilité d'expression singulière, en un mot un ensemble de facultés intellectuelles que nous allons retrouver dans leur pictographie.

III. L'évolution des tribus indiennes.

Dans les contrées de l'Amérique peuplées par les Indiens, on rencontre à chaque pas des images d'animaux, des simulacres d'objets matériels, et d'autres signes fort variés. Les uns sont sculptés sur des rochers ou imprimés dans l'écorce des arbres ; d'autres sont peints sur des surfaces lisses et unies. On ne manque jamais d'en trouver sur les pierres tumulaires, sur les poteaux auxquels sont suspendus les cercueils, sur les bornes qui séparent les territoires, et généralement dans tous les lieux auxquels se rattachent quelques souvenirs.

Sur les bords du Lac-Supérieur, on remarque plusieurs poteaux plantés dans le sol, équarris avec soin et portant sur les quatre faces des emblèmes imprimés. Je me bornerai à décrire une de ces images. On voit d'un côté une tortue, ce qui indique la tribu qui a fourni le sujet du trophée, de l'autre côté un soleil, ce qui est le *totem* et comme le nom du guerrier en l'honneur duquel est élevé ce monument. Entre les deux signes est une figure qui représente un homme. L'absence de toute coiffure indique

que ce personnage appartient à la race rouge, et deux traits surmontant le tout en forme d'aigrette annoncent qu'il exerçait le commandement militaire dans sa tribu. Les symboles qui accompagnent cette figure désignent aussi des corps humains, mais leur position inférieure et leur configuration incomplète montrent des hommes pris ou tués par le héros placé au-dessus d'eux. Ils n'ont ni tête ni bras, ce qui signifie qu'ils sont tombés aux mains d'un ennemi.

En 1820, une commission fut chargée par le gouvernement de l'Union d'explorer les rivages des grands lacs et les sources du Mississipi. Quittant la rivière de Saint-Louis, les commissaires eurent à traverser un terrain sablonneux, encombré d'épaisses broussailles. Le temps était si sombre et si pluvieux, qu'ils passèrent trois jours entiers sans apercevoir un rayon de soleil. La caravane se composait de seize personnes, en y comprenant deux Indiens qui servaient de guides. Ces deux hommes rouges avaient une merveilleuse sagacité pour se reconnaître au milieu de ces massifs épineux. Malgré cet instinct particulier à leur race, ils s'égarèrent. La nuit venue, il fallut bivouaquer au milieu des halliers, sur un sol qui ne s'élevait que de quelques pouces au-dessus du niveau des marais. Chacun se choisit un gîte de son mieux. Cependant un des deux Indiens, avant de s'endormir, prit une bande d'écorce de bouleau, et à la lueur d'un des feux allumés il se mit à y tracer des figures. Un caillou pointu lui servait de burin. Il fit très lestement un exposé symbolique de la situation où figuraient les seize personnes de la compagnie. Il distingua les Européens des Américains, les soldats de leur officier, les hommes d'armes des autres membres de la commission, sans négliger d'indiquer l'emploi particulier de chacun de ces derniers. Les voyageurs étaient divisés en deux groupes et rangés sur deux lignes parallèles. Les huit soldats avaient pour attribut distinctif des fusils à baïonnette. Un feu, placé à côté d'eux, signifiait qu'ils prenaient leurs repas séparément. Dans l'autre groupe, chaque individu portait son emblème particulier. L'officier tenait une épée, le secrétaire des tablettes ; un autre avait un marteau, comme géologue ou minéralogiste ;

deux autres, désignés par une simple baguette, n'étaient que des auxiliaires subalternes. Enfin la nationalité des deux Indiens se reconnaissait à leurs têtes sans coiffures. Une poule de prairie et une tortue verte, représentées à côté d'un feu, signifiaient que dans le dernier repas ces deux pièces de gibier avaient été la seule nourriture de la caravane égarée. L'auteur de cette inscription la mit en place par un procédé aussi simple qu'ingénieux. Il prit un pieu de six ou sept pieds de haut, le fendit par un bout, et introduisit dans cette fente l'extrémité latérale de son écorce de bouleau. Enfin, comme pour achever de tout exprimer, il planta ce poteau dans le sol obliquement et avec une inclinaison bien prononcée vers le point de l'horizon où tendait l'expédition. Trois coches entaillées sur cette tige de bois, à l'endroit où finissait la fente, faisaient connaître que le voyage avait duré trois jours. Cette inscription devait apprendre la mésaventure de la commission à tout Indien que le hasard amènerait aux mêmes lieux.

Au mois de janvier de l'année 1849, quelques tribus riveraines du Lac-Supérieur, voyant que la chasse ne suffisait plus à les nourrir, sentirent la nécessité de s'adonner à l'agriculture. Elles reconnurent alors qu'elles s'étaient mises trop à l'étroit en vendant la plus grande partie de leurs terres au gouvernement de l'Union. En conséquence elles envoyèrent un message à Washington pour solliciter la rétrocession de ces terrains. Leur députation, composée de sept chefs, avait pour interprète un Anglais nommé Martell, qui ne manquait ni d'instruction ni de capacité pour bien plaider leur cause. Malgré ce secours, les pauvres Indiens crurent utile d'exprimer eux-mêmes leur requête avec des signes pictographiques. Ils tracèrent sur de grands carrés d'écorce de bouleau la configuration des terres qu'ils occupaient et de celles qu'ils redemandaient : Ces dessins étaient bien informes sans doute, et ne ressemblaient guère aux plans que dressent nos ingénieurs ; néanmoins, grâce au nombre de lacs et de cours d'eau qui traversent le pays, ils faisaient distinguer les régions diverses et en indiquaient la position, l'étendue et les limites. Les députés se désignèrent eux-mêmes par les écussons de leurs tribus. L'unanimité de leurs vœux était indiquée par un double symbole. C'étaient d'abord des lignes qui partaient des yeux de chacun d'eux et qui allaient toutes se réunir sur l'œil de celui qui occupait le premier rang, marquant ainsi l'unité de leurs vues. Des cœurs étaient peints à l'extérieur sur les animaux qui leur servaient d'emblèmes, et d'autres lignes sortaient de chacun de ces cœurs et allaient se concentrer sur le cœur de la grue, qui était l'écusson du premier d'entre eux. Comme certaines tribus intéressées dans cette démarche n'avaient pas de représentants parmi les députés, on fit un tableau supplémentaire où furent dessinés les totems de ces tribus ; des lignes partant des yeux des animaux qui leur servaient d'écussons, et se dirigeant sur la carte des terres demandées, signifiaient que ces peuples en sollicitaient aussi la restitution. Enfin sur un tableau spécial était représenté le président du congrès qui leur donnait audience. Il était peint debout, dans son palais, et revêtu de son costume solennel. De sa main gauche, il tenait une chaîne qui figurait le lien fédéral des États-Unis. Il étendait sa main droite en signe d'amitié vers le chef de la députation. Celui-ci était figuré par son totem, c'est-à-dire par un aigle, ce qui n'empêchait pas qu'il ne tendît également un long bras et une main ouverte pour exprimer son cordial dévouement. Eu outre, des lignes partant des yeux de chaque député se réunissaient en une seule qui aboutissait à l'œil droit du président, comme pour le supplier de répondre favorablement à leur pétition. Ces groupes de figures étaient distribués sur cinq carrés d'écorce de bouleau. Les dessins avaient été d'abord tracés avec un poinçon et ensuite coloriés de nuances très diverses, et qui avaient aussi leur signification. Cette pétition, ainsi rédigée, excita un vif intérêt dans la ville de Washington. Tous les habitants voulurent voir ces tableaux, et, la curiosité se changeant sans peine en un sentiment de bienveillance, le président ne fit que se conformer au vœu général de ses concitoyens en rendant de grandes étendues de terres à ces tribus ingénieuses et souffrantes.

Indépendamment de la pictographie vulgaire, appelée *keketvîn, les Indiens possèdent une pictographie secrète, qui n'est comprise qu'à l'aide d'une initiation et qu'ils nomment kekeonowin*. Elle est le privilège de la confrérie des *medas* ou médecins, de la société secrète du Wabeno, et des *jeesukas* ou devins. Déjà en 1820 M. Schoolcraft était entré assez avant dans l'interprétation de cette pictographie, grâce à l'amitié d'un *meda*. Il eut un jour entre ses mains une pièce de bois carrée qui avait à peu près 30 centimètres de long sur 5 ou 6 de large, couverte sur les quatre faces de figures peintes en rouge avec une remarquable netteté et rangées sur des lignes parallèles. Les caractères de la première face exprimaient les préceptes généraux de l'art de guérir, ainsi que les noms et les symptômes des principales maladies. Sur la seconde face étaient indiqués les médicaments, qui consistaient presque tous en plantes et en écorces d'arbres. Les deux autres côtés contenaient des chants magiques, auxquels on attribuait une vertu curative. Il était difficile de réunir les signes de plus d'idées sur une simple tringle de bois. La cadence fort simple, mais rythmique, des incantations indiquées était marquée par des signes analogues à ceux de notre notation musicale.

Dans la confrérie des *medas* ne sont pas compris certains empiriques qui traitent les malades à l'aide de remèdes naturels. Les *medas* n'emploient que des influences magiques. Ils forment des confréries respectées, auxquelles on n'est admis qu'après des cérémonies bizarres, et en fournissant des preuves de capacité et de finesse d'esprit. La naissance ne donne aucun titre à cette distinction. De là vient que ces sociétés ne se recrutent que des personnes les plus intelligentes et les plus rusées de chaque tribu.

Lorsqu'un *meda* doit traiter quelque malade, on lui dresse une cellule avec des branches d'arbre garnies de leur feuillage. Ce sont des membres de la société mystérieuse qui construisent ce cabinet de verdure, et qui savent fort bien quelles espèces d'arbres ils doivent employer, quelles autres il faut exclure. Une grande importance est attachée à ce point, ainsi qu'à la forme de la cabane, à la situation, aux dispositions de ses dehors et de son intérieur. Ces formalités minutieuses sont toutes considérées comme également indispensables, et l'on ne manque pas de découvrir que l'une d'elles a été omise ou mal remplie, lorsque l'opération n'obtient aucun effet. Dès que les premiers préparatifs sont terminés, le *meda* qui doit exercer son ministère s'avance escorté de quelques-uns de ses confrères et des parents du malade. Il porte un tambourin, des sonnettes et des talismans : de formes variées. Il examine d'abord la cellule, et il en fait le tour en récitant des formules magiques. Ensuite il y entre et exécute de nouvelles cérémonies. Enfin le malade est introduit dans la loge, ou bien on l'y porte sur un brancard, s'il est trop faible pour marcher. On l'étend sur un lit dans la position prescrite par les rites, car tout est prévu, tout est minutieusement réglé. Personne ne peut entrer sans être invité ; mais les spectateurs peuvent se tenir debout tout autour de la loge. Cette loge doit être dressée sur une colline, afin que l'horizon soit découvert de tous côtés ; elle n'a pas de toit, afin qu'on puisse considérer le ciel, car on tient compte de l'état de l'air, de la forme des nuages, des vents qui soufflent et de tous les phénomènes de l'atmosphère. Une autre particularité digne de remarque, c'est que les *medas* ne prêtent leur ministère que dans le cas où les empiriques ont vainement épuisé leur science. Ils pensent qu'on ne doit recourir aux moyens miraculeux que lorsque ceux que fournit la nature se sont trouvés insuffisants. De cette manière, s'ils opèrent la guérison, elle passe plus sûrement pour merveilleuse, et, s'ils échouent, il leur est plus aisé de trouver une excuse en disant que l'ordre de la nature doit avoir son cours.

Dans les cérémonies usitées pour la réception des nouveaux membres de leur confrérie, les *medas* se guident au moyen de tablettes sur lesquelles sont peintes vingt-deux figures, à la fois symboles et signes mnémoniques. Comme symboles, elles représentent les vertus mystérieuses de la cérémonie ; comme signes mnémoniques, elles rappellent des couplets qui doivent être chantés. Le *grand-esprit*, le postulant, la loge où doit avoir lieu l'initiation, la réception définitive, l'arbre mystérieux des *medas*, divers oiseaux symboliques, le ciel, etc., tels sont les sujets représentés sur ces tablettes. Ce qu'il y a de remarquable, c'est que ces figures ont une sorte de signification métaphorique. Une flèche représente l'agilité de l'esprit, qui peut se transporter instantanément d'un lieu dans un autre. Telle figure exprime d'une manière non moins symbolique ce dogme, que Dieu est partout, qu'il est plus grand que l'univers matériel ; telle autre, que Dieu est distinct du monde, qu'il le domine et qu'il est plus grand que lui. Des objets matériels expriment des choses immatérielles, des pensées. Les signes des *medas* se rapprochent ainsi des hiéroglyphes égyptiens. Ces figures, servant en même temps de signes mnémoniques, ont quelque rapport avec le système de signes que les anciens appelaient *mémoire artificielle*, et dont ils attribuaient l'invention à Simonide. Il est vrai que ce système était si obscur, que Quintilien lui-même n'a pu l'expliquer sans tomber dans la confusion. Cet esprit judicieux soupçonnait, qu'il y avait plus d'ostentation que de sincérité dans cette invention des Carnéade et des Métrodore. Ce qui est assez frappant, c'est que le rhéteur romain n'est pas loin de proposer une série de signes ou d'images qui aurait de grandes ressemblances avec les figures tracées sur les tablettes des *medas*. Il dit : « Est-ce de la guerre que vous avez à parler ? prenez pour signe une épée ; est-ce de la navigation ? choisissez une ancre. » Or c'est précisément ce qu'ont fait les *medas*.

La société du *Wabeno* fait également un grand usage des signes pictographiques. Cette société, formée sur le modèle de celle des *medas*, en est une mauvaise contrefaçon. Les affiliés semblent se proposer comme but principal de se livrer à des divertissements tumultueux ; ils ne se réunissent que la nuit, et ils prolongent leurs orgies jusqu'au retour de la lumière. C'est même de cette dernière circonstance qu'est tiré le nom de leur association, car *wabeno* signifie *l'aube du jour*. Certaines de leurs invocations ressemblent à celles des *medas*. L'ordre des cérémonies est également indiqué par une série de simulacres cabalistiques. Chacune de ces figures correspond à un couplet qui doit être chanté, à une formule qui doit être prononcée. Rien n'égale la simplicité avec laquelle le sens métaphoriques est exprimé. Une simple ligne ondulée qui vient aboutir aux oreilles signifie l'attention. Un cercle tracé autour de l'estomac désigne l'abondance des vivres. Pour dire qu'un homme peut faire pleuvoir quand il le veut, on n'a qu'à le peindre avec un bassin sur la tête. Un cercle tracé autour du front marque l'inspiration céleste, ou le don de communiquer avec les esprits.

Au groupe des magiciens appartiennent encore les *jeesukas*, qui se prétendent inspirés par le grand-esprit ou par les génies. Les devins ainsi désignés ont des visions mystérieuses pendant lesquelles des êtres fantastiques leur apparaissent et leur révèlent les événements qui doivent arriver. Ces apparitions sont très diverses, et chaque *jeesuka* raconte les siennes à sa manière. Qu'il y ait souvent de la fraude et du charlatanisme dans ces prétendus prophètes, je l'admets volontiers. Il s'en trouve sans doute qui spéculent sur la crédulité populaire et qui ressemblent à ces augures de l'ancienne Rome qui ne pouvaient pas se regarder sans rire. Il y en a cependant qui sont dupes d'eux-mêmes et qui éprouvent de véritables hallucinations. Nous citerons l'exemple de Catherine Wabose, qui, après avoir joué pendant près de trente ans le rôle de prophétesse, s'est convertie au christianisme. Elle appartient à la tribu des Algonquins, et a longtemps joui parmi eux d'un grand crédit. M. Henri Schoolcraft, qui parle le dialecte algonquin, s'est entretenu fréquemment avec elle. Il a pu s'assurer qu'elle est douée d'une intelligence et d'une sagacité peu communes. Il a obtenu d'elle la révélation sincère et complète des moyens qu'elle employait pour avoir des visions prophétiques et de l'usage qu'elle en faisait. Au moment de ces confidences, elle avait embrassé la religion chrétienne et renoncé par conséquent à son ancienne profession. Elle avait des visions provoquées par les excès de jeûne, et croyait lire dans l'avenir. Elle a fait un tableau représentant les objets qui lui apparurent. Ces figures rappelaient à la prophétesse des couplets magiques qu'elle chantait pour invoquer les esprits de sa vision. Elle prétendait que ces chants lui avaient été enseignés ou inspirés par les génies. Elle consentit à les répéter en présence de M. H. Schoolcraft, qui ne put les entendre sans frissonner et sans être ému jusqu'au fond de l'âme.

Non-seulement la pictographie indienne est parvenue à exprimer des idées, mais elle sait même exprimer des sentiments. Tel capitaine est peint avec des ailes : cela signifie qu'il est impatient de voler à la rencontre des ennemis. Il tient deux talismans, et l'emblème de l'enthousiasme céleste brille au-dessus de sa tête : c'est que la mort ne lui inspire aucune crainte. Il est dépeint terrassé, percé d'une flèche et dévoré par un vautour : cela montre qu'il est décidé à braver la mort.

Ainsi les Indiens d'Amérique sont arrivés à désigner des êtres immatériels, des idées, l'esprit humain avec ses facultés, les génies avec leurs influences, le grand-esprit avec ses attributs, les dogmes religieux, les maximes de conduite, les préceptes de morale, les élans de l'âme, les sentiments du cœur. Ils ont réussi à figurer les rapports que les hommes ont entre eux ou avec les objets extérieurs. Cette partie de leur pictographie est la plus élevée. Pour exprimer les idées, les Égyptiens avaient recours, comme les Indiens d'Amérique, à des signes métaphoriques. Pour un combat, ils peignaient deux mains armées ; pour la prière ou l'invocation, deux bras élevés vers le ciel ; pour un peuple laborieux et soumis, une ruche d'abeilles ; pour la vigilance, un œil ouvert ; pour le silence, un doigt sur des lèvres fermées. Toutefois, outre les caractères figuratifs et les caractères métaphoriques, l'écriture égyptienne en avait d'une troisième espèce. C'étaient des signes représentant les articulations de la parole et les sons de la voix. Champollion en a le premier reconnu l'existence sur la fameuse pierre de Damiette. Ce troisième élément a toujours manqué à la pictographie américaine, et c'est par là qu'elle est inférieure aux hiéroglyphes et nécessairement imparfaite. Les signes américains ne sont qu'idéographiques ; ils veulent exprimer immédiatement les pensées, mais ils ne le font que d'une manière générale et par conséquent incomplète et confuse. L'écriture au contraire est phonétique ; elle représente les paroles, et comme les paroles peuvent représenter toutes les pensées, il s'ensuit que l'écriture alphabétique peut représenter, sinon la pensée même, du moins le langage, qui est l'image exacte de la pensée dans ses nuances les plus subtiles, dans ses détours les plus variés.

Telle qu'elle est néanmoins, la pictographie indienne nous montre les ressources naturelles de l'esprit humain et ses efforts spontanés pour se dégager des langes de la barbarie. Elle nous fait voir comment l'écriture a commencé, par quelles phases elle a dû passer avant d'arriver à cette forme simple et parfaite qui nous permet de figurer aux yeux tous les sons de notre bouche et par conséquent toutes les conceptions de notre esprit. En même temps elle nous fournit de précieux indices sur l'art indien, qui ne nous est connu encore que par de rares témoignages. Les peuples chasseurs élèvent peu de monuments. Avant l'arrivée des Européens, les tribus indiennes, partagées en peuplades diverses, rôdaient d'un endroit à l'autre et ne reconnaissaient pas de limites fixes. Leurs guerres perpétuelles étaient une nouvelle cause de déplacements, les vaincus étant toujours rejetés au loin et cédant leurs terres aux vainqueurs. En outre, ces sauvages étaient avides d'une indépendance effrénée, et ils n'auraient pas supporté un gouvernement qui les eût contraints à ces travaux d'utilité publique, à ces corvées qui sont indispensables dans les sociétés peu civilisées pour construire des édifices. On ne devait donc pas s'attendre à trouver en ces contrées des monuments qui supposent un but, un plan, le concours d'un grand nombre de bras, l'autorité d'un chef et l'attachement héréditaire aux mêmes lieux.

Cependant, depuis qu'on débarrasse le sol américain de cette exubérance d'arbres gigantesques dont il était couvert, on voit avec étonnement surgir des vestiges et des restes d'antiques constructions. Ce sont de longues murailles de pierres, des entassements de terre, des tombeaux remplis d'ossements, des enceintes carrées ou circulaires, formées par des fossés et des retranchements. Au milieu de ces ruines, on trouve des pièces de métaux, des pierres sculptées, des vases de terre cuite, des figures d'hommes et d'animaux. Le nombre de ces constructions délabrées n'est pas moins étonnant. On en découvre dans toute l'étendue des États-Unis, depuis les grands lacs jusqu'au golfe du Mexique et depuis le Grand-Océan jusqu'à l'Atlantique. Dans le seul territoire de l'Ohio, on en compte onze mille cinq cents, et elles ne sont guère moins nombreuses dans les autres états.

Que signifient ces ruines ? Les travaux qu'elles rappellent ont-ils été exécutés par les ancêtres des Indiens de nos jours ? Est-il vraisemblable que cette race d'hommes qui se raidit aujourd'hui contre la civilisation s'y soit soumise autrefois, qu'elle ait jadis cultivé les arts, et qu'ensuite, au lieu de suivre la loi commune du progrès, elle ait rétrogradé jusqu'à l'état sauvage ? Est-il croyable qu'après avoir connu l'agriculture et le bien-être qui en est le résultat, elle y ait renoncé pour s'abandonner aux incertitudes de la vie de chasseur ? Est-il plus vraisemblable que cette terre ait été, dans les temps reculés, occupée par des hommes d'une autre race ? Faut-il admettre que des peuples navigateurs soient venus de l'Europe dans ce pays, qu'ils y aient introduit leurs usages, et qu'ensuite ils aient disparu avec les arts qu'ils y avaient cultivés ? Chacune de ces diverses hypothèses a ses partisans.

On peut ranger en trois catégories les ouvrages auxquels appartiennent ces ruines. Les uns semblent avoir servi à la défense des habitants, d'autres à la sépulture des morts, d'autres enfin au culte religieux.

Les dimensions et l'emplacement des travaux de défense permettent de les distinguer facilement des autres. C'est sur les prolongerons des Montagnes-Rocheuses et des monts Alléghanys que furent construits ces boulevards. De grandes murailles font le tour des hautes collines en suivant les sinuosités du terrain ; l'enceinte en est continue, sauf certaines ouvertures destinées à servir d'entrées, et qui sont toujours placées aux points les plus accessibles de ces hauteurs.

Près du village de Bourneville, dans l'état d'Ohio, on rencontre un ancien camp retranché. Sur toute la circonférence s'étend une ligne volumineuse de pierres entassées qui ressemble assez aux digues de nos chemins de fer élevées dans les terrains marécageux. Aujourd'hui ce rempart éboulé a de 5 à 6 mètres de large sur 3 de haut, proportions qui étaient sans doute en sens inverse, lorsqu'il fut construit. Sur plusieurs points, on reconnaît que les pierres avaient été disposées avec ordre et qu'elles formaient, au moins du côté extérieur, une façade unie et perpendiculaire. Ce retranchement démoli suit les flancs de la montagne, et la masse des matériaux est visiblement plus considérable aux endroits les moins escarpés. Du côté de l'ouest, l'enceinte se trouve interrompue sur un espace d'environ 100 mètres, parce qu'un grand précipice rend cet endroit inaccessible. Le côté du sud, qui est d'un abord plus facile, présente trois espaces libres de 2 mètres et demi de large : ils devaient servir de portes. Le mur se recourbe en angles rentrants à la droite et à la gauche de chaque ouverture, pour en rendre la défense plus facile. On remarque deux autres entrées, l'une du côté de l'est, l'autre à l'extrémité du nord. Au voisinage de ces ouvertures, le rempart devait être beaucoup plus élevé, puisque l'entassement des pierres y est quatre fois plus considérable que partout ailleurs. Sur trois points culminants, et qui devaient être aperçus des contrées environnantes, les pierres sont calcinées et en partie vitrifiées. Elles ont dû servir de foyers à des feux très intenses, destinés sans doute, soit à donner des signaux à ceux du dehors, soit à prémunir ceux du dedans contre les surprises nocturnes. Cette forteresse avait 4 kilomètres de pourtour ; elle comprenait une aire de 57 hectares, et pouvait contenir des tentes ou des habitations pour plus de soixante mille personnes. Qu'une pareille construction dût servir à mettre en sûreté les habitants du pays et à les protéger contre des agressions formidables, c'est ce qui est démontré, non-seulement par la hauteur de la position et les difficultés des approches, mais par les dispositions des murailles, des ouvertures, et les autres particularités que nous venons de remarquer.

Sur un plateau voisin de la ville de Chillicothe, on voit les ruines d'une forteresse de même importance. Le contour en est fort irrégulier. L'établissement était muni à l'intérieur de deux fossés parallèles séparés par une digue continue, où pouvaient s'établir des gardes pour repousser encore les assaillants, alors même qu'ils avaient franchi le grand mur de défense. Les sinuosités de ce rempart, en se repliant tour à tour en dedans et en dehors, offraient les avantages que nos citadelles retirent de leurs angles alternativement sortants et rentrants. Ce camp retranché, connu sous le nom de *Fort-Hill*, est entouré de grands cours d'eau et commande les vallées voisines. Il contient plusieurs lacs qui ne tarissent en aucune saison.

Dans une autre de ces forteresses, qui n'est distante de la ville d'Hamilton que de 4 kilomètres, on remarque de grands travaux destinés à défendre l'ouverture du nord, qui devait servir de porte. C'est un labyrinthe de fossés, dominé par neuf remparts concentriques Les autres ouvertures offrent des combinaisons de fossés et de boulevards différentes, mais, non moins ingénieuses et pareillement inexpugnables. À la faveur de ces thermopyles artificielles, 800 hommes armés de projectiles auraient suffi pour arrêter des multitudes d'ennemis sans avoir à redouter d'être pris à revers.

À la solidité et au plan de ces constructions cyclopéennes, on reconnaît qu'elles sont l'œuvre de peuples intelligents, nombreux, sédentaires et bien gouvernés, enfin qu'elles n'ont pas été élevées précipitamment et sous la pression de quelques dangers imprévus. Ce système de défense tenait à un ordre de choses permanent ; il était fondé sur les nécessités du temps et motivé par des périls sans cesse imminents : c'étaient des asiles toujours ouverts, où se retiraient, en cas d'attaque, les familles avec leurs biens. Peut-être même était-ce à l'abri de ces remparts que ces peuples dressaient leurs tentes, qu'ils tenaient en réserve leurs provisions, et qu'ils résidaient habituellement, n'en sortant que pour vaquer à leurs travaux. Quels étaient ces travaux ? C'étaient probablement ceux de l'agriculture. Ce genre de vie est le seul qui permette aux hommes de se réunir en si grand nombre, de former des associations durables, d'asseoir l'autorité sur des bases solides, et de se ménager des provisions pour soutenir des sièges. On ne peut espérer rien de pareil d'un peuple chasseur. Or les tribus indiennes, vivant presque uniquement de gibier et constituées comme elles l'étaient il y a trois siècles, loin de pouvoir bâtir de telles fortifications, n'auraient pas même eu les moyens d'y vivre pendant quinze jours.

On trouve encore dans la région de l'Amérique parcourue par les tribus indiennes des monuments d'un autre genre, qui, s'élevant au milieu des plaines ou au pied des collines, n'étaient évidemment pas destinés à la défense. Les dimensions de ces édifices sont de beaucoup inférieures à celles des camps retranchés ; les murs ne sont pas disposés avec autant de précautions. Les formes sont d'une régularité surprenante. Les monuments dont nous parlons se composent de deux compartiments principaux, tous deux entourés de murailles et de fossés continus. Ces deux enceintes ont ordinairement des aires équivalentes ; mais l'une est ronde, l'autre octogone ou carrée. Celle qui est ronde n'a qu'une ouverture, presque toujours tournée vers l'orient, qui la met en communication avec celle qui est octogone. Celle-ci, dont les côtés et les angles se correspondent avec une justesse géométrique, a plusieurs ouvertures. Tout porte à croire que ces monuments étaient consacrés au culte.

Dans tout le territoire de l'Ohio et dans les contrées voisines, on trouve fréquemment des groupes d'enclos de cette espèce. Ils diffèrent les uns des autres par les dimensions, mais ils ont tous entre eux ce rapport de ressemblance, que les deux principaux compartiments sont, l'un rond, l'autre octogone ou carré, et que les plus petits sont circulaires.

D'après les conjectures des érudits américains, la grande enceinte circulaire, où l'on ne pouvait entrer qu'en traversant l'enceinte octogone, était le sanctuaire, où n'était admise que la caste sacerdotale, et où se trouvaient les autels, les effigies des dieux et les autres objets sacrés, tandis que l'enclos octogone, où étaient pratiquées plusieurs ouvertures, était destiné à la foule des assistants. Les habitants du Mexique et du Pérou avaient également des enclos sacrés où ils dressaient les statues de leurs dieux, et qui étaient interdits au vulgaire. Du reste, cet usage d'enceintes religieuses où les profanes ne peuvent entrer se retrouve chez presque tous les peuples, tant anciens que modernes. Les pagodes des Hindous ne sont-elles pas aujourd'hui, comme elles l'étaient du temps d'Alexandre, entourées d'un enclos formé par de massives murailles ? Le temple de Jérusalem était entouré d'un double enclos, de deux enceintes de murailles, et ces deux barrières, converties en forteresses, n'opposèrent pas moins de résistance aux soldats de Titus que ne l'avaient fait les remparts extérieurs de la ville. Quant aux petits enclos circulaires qui se trouvent dans les ruines américaines, il est permis de supposer qu'ils servaient, soit d'habitation aux ministres du culte, soit de charnier pour les victimes.

Il est en Amérique une autre espèce de monuments religieux plus curieux encore : ce sont des exhaussements de terre, dont les contours dessinés avec une remarquable netteté imitent manifestement des formes de reptiles, d'oiseaux, de quadrupèdes, et quelquefois d'hommes. Quelques-uns ont 170 mètres de long. Le relief au-dessus des terres environnantes a quelquefois 5 mètres de haut. Dans le Wisconsin, à 27 kilomètres de l'endroit appelé *les Quatre-Lacs*, on voit un groupe de seize figures : une effigie d'homme, six de quadrupèdes, neuf autres entassements de terre, dont sept sont en forme de parallélogramme et deux s'élèvent en pyramide. Ces seize monuments sont rangés sur deux lignes, ils comprennent un espace d'un kilomètre et demi de long sur un kilomètre de large. L'effigie du corps humain est placée vers le centre de la ligne la plus courte. Les bras étendus mesurent 46 mètres ; les jambes sont écartées, et depuis leur extrémité jusqu'au sommet de la tête, la longueur est de 42 mètres. La tête est tournée vers l'ouest, et s'élève en relief plus que le reste du corps. Les six quadrupèdes ressemblent à des ours ; les plus gros ont 40 mètres de large, et les plus petits en ont 30.

Sur ce même territoire du Wisconsin, à 15 kilomètres de Madison, s'élèvent également en plein relief deux figures de quadrupèdes, tournées toutes les deux vers le nord, l'une à la suite de l'autre, et séparées aujourd'hui par une grande route. Elles ont 37 mètres de long, et l'expression d'agilité et de souplesse qui ressort de leurs proportions les fait ressembler à l'espèce de tigre américain qui se perpétue encore dans ces contrées. Des fouilles pratiquées à l'intérieur de ces éminences ont prouvé qu'elles renferment des ossements humains d'une grande antiquité. Aussi suppose-t-on qu'elles ont été construites pour servir de tombeaux, que les anciens habitants de ces contrées étaient divisés en tribus, comme le sont les Indiens de nos jours, que chaque tribu adoptait pour symbole la figure d'un animal, et qu'elle traçait les dimensions de son cimetière d'après la forme de cet écusson. Aujourd'hui les Indiens ne construisent plus de monuments semblables, mais ils vont habituellement déposer dans ces anciens sépulcres leurs parents décédés. Ces inhumations, continuées depuis des siècles sans qu'on se préoccupe de conserver ou de rétablir les formes primitives des anciens ouvrages, en ont défiguré un grand nombre. Ceux qui restent encore intacts sont exposés à des dangers non moins grands de la part des colons qui défrichent rapidement ces contrées, et qui, plus soucieux de l'abondance des récoltes que de la conservation des antiquités, les nivellent sous le soc de la charrue. Ce n'est donc pas sans raison que l'Institut Smithsonien s'est hâté de décrire et de dessiner ces monuments. Encore quelques années, et il ne serait plus temps. On peut en dire autant des enclos sacrés qui se trouvent sur les rives des fleuves, et des camps retranchés qui couvrent les hautes collines.

À la vue de ces grands ouvrages de pierre et de terre, on se demande avec quels instruments ils ont été faits. Quelque nombreux que fussent ceux qui les construisaient, leurs bras et leurs mains ne leur suffisaient pas, il leur fallait des outils. Il semble tout d'abord que ces diverses opérations nécessitaient l'emploi du fer. Cependant il est constant que les habitants du Mexique et ceux du Pérou pratiquaient la plupart des arts mécaniques avec des outils de bois, de pierre, d'argent et de cuivre. C'est ce dernier métal qu'ils employaient le plus. Ils savaient le façonner, l'aiguiser, en faire des couteaux, des haches, des doloires. En fouillant les ruines de l'Amérique du Nord, on découvre un grand nombre d'objets de cuivre. Ce sont des haches, des ciseaux, des poinçons, des tarières, des bêches et des pelles. L'art de fabriquer des bijoux de cuivre ne fut pas inconnu non plus aux anciennes populations de l'Amérique, puisqu'on découvre des bracelets, des plaques percées de deux trous et destinées à être suspendues sur la poitrine, enfin des espèces de médailles. Quelques-uns de ces objets sont plaqués d'argent. Toutefois le placage semble avoir été fait sans le secours du feu. Il paraît que les lames d'argent, après avoir été bien assouplies avec le marteau, étaient appliquées avec précision sur le bijou de cuivre, dont elles recouvraient exactement toute la surface. La dextérité qu'exigeait ce travail délicat et le goût de luxe qui en dut suggérer l'idée sont des témoignages irrécusables d'une civilisation assez avancée.

Il ne fallait pas moins d'adresse pour façonner d'autres objets qu'on exhume des mêmes ruines, et dont les matières sont le bois, l'os, la corne, l'argile, la coquille marine. Ce sont des pointes de flèche et de pique très diverses de formes et de dimensions, des lames de couteau, de poignard, d'épée, des haches disposées les unes pour la charpente, les autres pour le combat, des mortiers et des pilons pour broyer le maïs, des tubes creusés avec une justesse mathématique, et qui semblent avoir été des instruments de musique, des têtes humaines sculptées en pierre, et qui servaient peut-être d'idoles, des statues où les figures humaines sont associées à des corps de quadrupèdes et qui rappellent les monuments égyptiens, des effigies d'animaux dont plusieurs sont creuses et semblent avoir servi de calumets. Tous ces objets ne sont pas exécutés avec la même perfection, mais il y en a plusieurs qui prouvent une grande habileté à rendre l'expression de la physionomie, les attitudes du corps, la justesse des proportions. Considérés dans leur ensemble, ils démontrent un remarquable progrès dans les arts et une civilisation beaucoup plus grande que ne l'était celle des tribus indiennes au XVIe siècle.

Cette vallée du Mississipi avait donc eu d'autres habitants. D'après les indications qu'on peut tirer de leurs monuments, les premiers habitants avaient beaucoup de ressemblance avec ceux que les Espagnols trouvèrent dans le Mexique. Ce sont à peu près les mêmes constructions et le même degré de civilisation. Il est vrai que cette hypothèse soulève elle-même de nouvelles incertitudes. Que sont devenus ces peuples ? Sont-ils revenus à l'état barbare, et faut-il reconnaître leurs descendants dans les Indiens qui parcourent aujourd'hui ces contrées ? Ou plutôt les anciens habitants auraient-ils été dépossédés par des hordes plus sauvages venues du nord ? Seraient-ils allés s'établir eux-mêmes dans les contrées plus méridionales du même continent ? J'avoue que cette dernière conjecture me semble la plus vraisemblable. Nous savons déjà que les tribus des États-Unis partirent, vers le XIe siècle, des steppes glacés de la Sibérie. N'est-il pas possible que, dans les longs siècles qui ont précédé ce déplacement, d'autres populations se soient déjà frayé les mêmes routes, qu'elles se soient établies dans cette riche vallée du Mississipi, qu'elles y aient construit ces ouvrages que nous avons vus, et qu'ensuite elles aient été refoulées vers le midi ? L'Amérique est occupée par tant de peuples différents, qu'en admettant même qu'ils appartiennent tous à la même race, on ne peut guère supposer que leurs ancêtres y soient arrivés en même temps. Espérons qu'à force d'investigations, on achèvera de découvrir les origines de ces antiques populations.

Les Indiens qui leur ont succédé n'ont pas su s'instruire par la vue des ruines qu'ils rencontraient ; de même le voisinage des Européens, leur domination et leur secours n'ont pu modifier leurs mœurs. De là s'est formée cette opinion que la race indienne est par sa nature incapable de se civiliser, qu'elle porte dans son sang l'instinct irrésistible de la chasse et du vagabondage, et que c'est en vain qu'on tente de l'assujettir aux pratiques laborieuses et prévoyantes de l'agriculture. Cette prévention est malheureusement très répandue en Amérique. Un magistrat a pu récemment, dans la cour suprême de Washington, prononcer, sans être contredit, cette parole : « C'est une race condamnée sans appel. » Ce qu'il y a de plus déplorable dans cet anathème, c'est qu'il tend à paralyser tous les efforts qu'on a faits jusqu'ici pour ramener ces peuples dans le chemin de la civilisation. Il décourage les instituteurs et les missionnaires ; le gouvernement de l'Union est lui-même accusé d'avoir entrepris une œuvre impossible et de dépenser les trésors de l'état en pure perte.

La race rouge n'est pourtant pas condamnée sans appel ni surtout sans exception. Ce qui le prouve, c'est que déjà plusieurs tribus, secouant leurs habitudes séculaires, ont cessé de poursuivre les bêtes sauvages pour s'adonner aux paisibles travaux de l'agriculture. C'est chez les Iroquois surtout qu'on peut constater cet adoucissement de mœurs. Une de leurs tribus cultive 12.640 hectars de terre, et emploie pour cet usage 2.080 bœufs et 1.902 chevaux. Dans cette population d'environ 6.000 âmes, on compte 841 personnes qui fréquentent les écoles. Cinq ou six autres tribus voisines sont entrées aussi dans la voie des réformes. Le temps n'est pas éloigné peut-être où nous les verrons assez policées pour prendre place parmi les états de l'Union, et jouir des droits politiques et des avantages attachés à ce titre.

Les Apallachians et ceux qui habitent le plus près des bouches du Mississipi ne donnent pas encore de telles espérances ; cependant ils ont renoncé aux incursions violentes contre leurs voisins et aux courses vagabondes de la chasse. Ils élèvent des chevaux et d'autres animaux domestiques. La conjecture la plus favorable qu'on puisse former sur leur avenir, c'est qu'ils sont dans un état de transition, et qu'en passant par l'intermédiaire de la vie pastorale, ils se préparent aux habitudes mieux réglées et plus fructueuses de la culture des terres. Malheureusement on ne peut pas porter le même pronostic sur les habitants des Montagnes-Rocheuses. Ils sont si féroces que les troupes armées elles-mêmes ont à souffrir de leurs insultes. Tout récemment encore, pendant le mois de janvier 1856, le lieutenant-colonel Kelly, explorant le cours de la rivière Walla-Walla à la tête de plusieurs compagnies de son régiment, se vit assailli par plus de six cents de ces Indiens farouches. Dans les attaques acharnées qu'ils lui livrèrent pendant deux jours, il vit tomber autour de lui une grande partie de ses soldats. Telle était la furie des assaillants qu'ils se ruaient tête baissée sur les bataillons carrés, et que nombre d'entre eux périrent frappés par les baïonnettes, ou par les balles tirées à bout portant ; d'autres furent faits prisonniers, mais ils se débattirent avec une telle rage qu'on fut obligé de les tuer. Le combat recommença le troisième jour, et si le colonel Kelly n'avait reçu des secours du fort Henriette, il eût péri avec tous les hommes qu'il commandait.

Il faut conclure de ces faits, ou qu'il est impossible de civiliser ces Indiens de l'Orégon, ou qu'on s'y est mal pris jusqu'à ce jour. Or peut-on douter qu'ils n'aient été mal initiés à notre civilisation, quand on les voit montrer autant d'avidité pour ce qu'elle a de pernicieux que de répugnance pour ce qu'elle a d'utile et de moral ? Ils repoussent nos arts, mais ils se sont imbus de nos vices. Cette corruption leur a été inoculée de plus d'une manière, directement d'abord par des hommes qui, après avoir perdu leurs biens et leur honneur dans nos sociétés, sont allés cacher leur opprobre au milieu de ces tribus. Le nombre de ces transfuges est plus grand qu'on ne le croit. Plusieurs membres de la commission d'enquête ont dénoncé au congrès américain cette cause de corruption ; ils s'élèvent aussi avec vivacité contre les spéculateurs qui dépravent ces tribus par intérêt. Connaissant leur passion irrésistible pour les liqueurs fortes, ils leur font dépenser en un moment pour acheter ces poisons funestes, les petites sommes qui devraient les soutenir pendant plusieurs saisons. De là résultent pour ces malheureux une ivresse de quelques jours avec les désordres qui en sont les suites, et en second lieu la privation de toute ressource pendant la plus grande partie de l'année.

D'après une statistique faite en 1836, 51,317 individus de la race rouge avaient opéré leur passage à l'ouest du Mississipi ; 36,950 s'étaient engagés, par des traités de courte échéance, à suivre ce mouvement ; il n'en restait que 12,415 qui n'avaient pas encore contracté l'engagement formel de quitter la rive gauche du fleuve. Depuis 1836, presque tout ce qui restait à faire s'est accompli, et le plan érigé en loi sous la présidence de Monroë est bien près d'être entièrement exécuté. Que ce déplacement d'une centaine de mille individus à demi sauvages ait donné lieu d'un côté à des surprises et à des souffrances, de l'autre à certains abus, ces irrégularités étaient inévitables ; mais que le gouvernement de l'Union se soit conduit avec toute la bonne foi et toute la générosité possibles, c'est ce que l'on peut affirmer dès aujourd'hui, c'est ce qui deviendra évident lorsque la collection des actes administratifs sera publiée tout entière.

La somme des achats de terrains conclus avant 1840 s'élevait à 460.700.000 fr. Le relevé de ceux qui ont été faits depuis cette époque n'est pas encore complet, mais on peut l'évaluer au quart des précédents, ce qui porterait le total général à 575.875.000 francs. La plus grande partie a été payée soit en espèces, soit en denrées. L'autre partie est encore due, et ce sont les intérêts de cette dette que les États-Unis soldent par annuités.

Ces traités synallagmatiques entre contractants aussi inégaux ne témoignent-ils pas de l'esprit de justice qui dirige le plus puissant ? Et le plus faible n'a-t-il pas à se louer du généreux débiteur qui se charge en outre de la gestion du capital ? Le gouvernement protecteur porte encore plus loin sa sollicitude. Il surveille et dirige l'emploi des annuités. Au lieu de les déposer en espèces entre les mains des Indiens, qui se hâteraient de les échanger contre des liqueurs enivrantes ou d'autres superfluités pernicieuses, il en convertit une partie en denrées de première nécessité, et leur fournit du blé, du sel et des habits. Il leur fait distribuer des bestiaux et des instruments d'agriculture. Il entretient au milieu d'eux des ouvriers instructeurs ; il ouvre des écoles et accorde des primes à ceux qui les fréquentent ; il encourage les missionnaires ; enfin il emploie toute espèce de moyens pour triompher de l'insouciance des Indiens. Il les traite à la vérité comme des mineurs, mais il agit ainsi dans leur intérêt, comme un tuteur intègre et dévoué qui ne retire des soins qu'il prodigue à ses pupilles que la satisfaction du devoir accompli.

Si, malgré tant de soins, la plupart des Indiens s'obstinent encore dans leurs habitudes héréditaires, si rien jusqu'ici n'a pu leur inspirer le goût du travail et de la prévoyance, si leurs relations avec les peuples civilisés leur sont depuis trois cents ans plus funestes qu'utiles, à quoi faut-il l'attribuer ? A-t-on troublé leur marche naturelle vers la civilisation en voulant les faire passer immédiatement du vagabondage de la chasse aux travaux sédentaires de l'agriculture ? Faut-il penser avec quelques philosophes américains que l'état pastoral est une phase indispensable de la vie des peuples, et que l'absence de cette période a nui au développement de la race indienne ? Peut-être cette opinion est-elle fondée. Rien n'est assurément plus propre que la vie pastorale à donner à une race pour ainsi dire neuve des habitudes d'ordre et de travail, et l'élève des troupeaux est tout au moins une excellente préparation à la culture des terres. Au reste, ces considérations ont eu pour résultat de fournir de nouveaux expédients aux civilisateurs de la race indienne. Plusieurs tribus ont été pourvues d'animaux domestiques, elles ont d'immenses pâturages pour les nourrir et les faire prospérer, et les résultats déjà obtenus donnent un éclatant démenti à ceux qui prétendent que les indiens ne pourront jamais s'assujettir à la tranquillité et à la prévoyance des travaux agricoles.

Un riche propriétaire du territoire de l'Ohio, qui observe les Indiens avec l'attention la plus bienveillante, M. John Johnston, voudrait que les réformes leur fussent, non pas imposées, mais adroitement suggérées. D'après le plan qu'il a soumis au sénat de Washington, et qui n'est rien moins qu'un système complet de politique, il faudrait que, sans porter atteinte à leur indépendance jalouse, on les engageât à se choisir eux-mêmes, à la majorité des suffrages, un chef civil et militaire. Ce magistrat, une fois revêtu de cette autorité, ne pourrait plus en être dépouillé pendant un certain nombre d'années. Durant ce temps, le gouvernement de l'Union, intervenant par l'insinuation et appuyant les conseils par des subsides, gagnerait peu à peu ce chef, afin de s'assurer un instrument d'utiles réformes. Ce serait par les mains du magistrat indien que se feraient les distributions d'argent, de vivres, d'habits. Il serait le canal par lequel toutes les faveurs leur parviendraient. On établirait ainsi au milieu de ces tribus une espèce de police qui se transformerait peu à peu en un gouvernement régulier. Il importerait surtout de répandre parmi les Indiens les vérités du christianisme. On a pu remarquer que ces hommes des bois avaient conservé des idées assez justes sur les attributs de Dieu et un spiritualisme presque subtil dans leur mythologie. Presque toutes leurs croyances peuvent être ramenées aux dogmes chrétiens ; il semble que, pour les convertir, il suffise de compléter leurs traditions religieuses et de leur en faire déduire les conséquences pratiques. Lorsque le Canada fut ravi à la France, il n'y a pas encore cent ans, les premiers missionnaires avaient déjà obtenu de grands succès. Presque toutes les tribus écoutaient avec plaisir la parole du prédicateur. Les Indiens avaient même fort bien compris que la morale de la religion chrétienne n'est pas moins importante que les cérémonies du culte. Si depuis ils ont rétrogradé, n'est-ce pas plutôt la faute des circonstances que celle de leur caractère ?

Les plus grands obstacles à la civilisation des Indiens se sont rencontrés jusqu'ici, non pas précisément dans leur naturel, mais dans les erreurs et les fautes dont ils ont été les victimes. Si, depuis plus de deux siècles, d'excellentes méthodes avaient été employées pour les réformer, et qu'elles fussent restées infructueuses, il faudrait désespérer ; mais qu'a-t-on fait jusqu'à ce jour ? La civilisation ne s'est guère montrée aux Indiens que sous ses plus tristes aspects. Les mémoires publiés à Philadelphie ont éveillé la sollicitude du gouvernement de l'Union ; ils lui ont suggéré des expédients nouveaux. Sa conscience s'en est émue. Ses moyens sont puissants : qu'il sache en user avec prudence, et peut-être parviendra-t-il à ramener dans le sein de la famille humaine des enfants que de fatales circonstances en ont depuis trop longtemps séparés.

www.ingramcontent.com/pod-product-compliance
Lightning Source LLC
Chambersburg PA
CBHW022306060426
42446CB00007BA/605